쿠사츠의 봄

쿠사츠의 봄

지은이 | 이형기
초판 발행 | 2012. 8. 2
5쇄 발행 | 2012. 9. 24
등록번호 | 제3-203호
등록된 곳 | 서울시 용산구 서빙고동 95번지
발행처 | 사단법인 두란노서원
영업부 | 2078-3333  FAX | 080-749-3705
출판부 | 2078-3444

책값은 뒤표지에 있습니다.
ISBN 978-89-531-1791-4 03230

독자의 의견을 기다립니다.
tpress@duranno.com   http://www.duranno.com

두란노서원은 바울 사도가 3차 전도 여행 때 에베소에서 성령 받은 제자들을 따로 세워 하나님의 말씀으로 양육하던 장소입니다. 사도행전 19장 8-20절의 정신에 따라 첫째 목회자를 돕는 사역과 평신도를 훈련시키는 사역, 둘째 세계선교(TIM)와 문서선교(단행본·잡지) 사역, 셋째 예수문화 및 경배와 찬양 사역, 그리고 가정·상담 사역 등을 감당하고 있습니다. 1980년 12월 22일에 창립된 두란노서원은 주님 오실 때까지 이 사역들을 계속할 것입니다.

쿠사츠의 봄

이형기 지음

두란노

하용조 목사를 그리워하는
성도들에게 바칩니다.

 차례

**추천의 글_** 이어령, 홍정길, 이동원   9

서론   16

1. 젊은 날   22

2. 지식과 정보의 공유   40

3. 하용조 목사의 삶과 목적   48

4. 하용조 목사의 적용 능력   58

5. 하용조 목사의 성품   78

6. 하용조 목사의 경제관념   86

7. 하용조 목사의 은사와 손재주들   106

8. 그의 친구들   134

9. 작별   148

에필로그   174

추천의 글  이어령

하용조 목사님의 갑작스런 떠남을 슬퍼하던 날이 바로 어제 같은데, 벌써 일 년이 흘렀습니다. 불같이, 물같이 하나님과 영혼들을 사랑하다, 바람같이 가 버리신 목사님, 그 목사님이 몹시도 그리워지는 때입니다.

   그리운 하 목사님의 1주기를 맞이하여 이형기 사모님께서 귀한 이야기보따리를 풀어 주셨습니다. 우리가 몰랐던 하 목사님의 인간됨, 성품, 흥미로운 일화들을 하 목사님을 그리워하는 마음과 함께 풀어 놓으셨습니다. 그 나눔이 참으로 솔직 담백하고, 생생하여 하 목사님이 다시 우리 곁에 오신 것만 같습니다.

   사모님의 추억 속에는 우리가 몰라주었던 또 다른 하 목사님이 계셨습니다. 많은 이의 목자요, 리더였던 그분의 영향력 이면에, 아빠이자 남편이었고, 친구이자 아픈 한 사람이었던 그분의 일상의 향기를 맡을 수 있었습니다.

이제라도 그분의 더 깊은 속마음, 속삶을 들여다 볼 기회를 주신 이형기 사모님께 감사를 드립니다. 이형기 사모님의 글을 통해 하 목사님을 다시 한번 대면하여 뵙는 것 같아서 얼마나 좋고 반가웠는지 모릅니다.

하 목사님은 우리 곁을 떠나셨지만, 이 책을 통해 오늘 오히려 더 가까이 우리와 함께 계심을 느낄 것입니다.

이어령(초대 문화부 장관, 중앙일보 고문)

추천의 글 홍정길

제 평생에 가장 큰 축복은 예수 그리스도를 구세주로 영접한 사건입니다. 그 축복 속에서 날마다 새로운 구원의 감격을 누리는 세월을 살아왔습니다. 그 가운데서도 가장 감격스러운 축복을 꼽으라면, 좋은 사람을 만난 축복이었고, 1965년 겨울에 하용조라는 재수생을 만난 것이 축복 중에 축복이었습니다.

지금까지 살아오면서 하용조가 없는 지구를 생각해 본 적 없었습니다. 주님께서 기뻐하셔서 데려가셨지만, 하용조 목사를 먼저 떠나보낸 다음 제가 '어떻게 남은 생애를 새롭게 정립해야 될까?' 한동안 많은 고민을 했었습니다. 그리고 제 추억의 박물관 속에서 하용조 목사와 함께 받았던 축복들을 떠올리며 감사하고 찬양하는 복된 시간도 가져 봤습니다.

하용조 목사의 생애는 연약한 한 인생을 향해서 베푸시는 하나님의 구원이 무엇인지 가르쳐 주는 삶이었습니다. 그의 연약을 통해서 예수 그리스도의 강하심이 드러났고, 부족함을 통해서 온전하신 그리스도를 나타내 주시는 평생이었습니다.

　그러했던 하용조 목사를 오늘, 그의 한없이 맑은 거울인 이형기 사모를 통해 봅니다. 제가 이 책을 첫 문장부터 읽으면서 하용조 목사와 함께했던 지난날들이 파노라마처럼 다시 되살아나는 귀한 경험을 했습니다. 그 귀하고 투명한 이형기라는 거울 속에 비추어진 인간 하용조. 꾸밈없는 그 삶, 아름답게 우리 앞에 다시 나타납니다. 한 시대를 소중하게 쓰임받았던 하용조 목사. 이 책을 통해서 주께서 이 땅을 향해 주신 축복과 내 신앙의 풍성한 자양분이 된 그의 삶을 다시 조명하면서, 앞으로도 더욱 어려운 시대에 하나님께서 하용조 목사를 붙잡으신 것과 같이, 이 땅의 목회자들을 그 능력의 손으로 붙잡으시는 계기가 있기를 소망해 봅니다. 그러한 가운데 한국 교회는 다시 한번 하나님 앞에 온전히 나아

갈 수 있을 것을 확신합니다.

그 깊은 슬픔 속에, 그래서 한없이 맑을 수밖에 없는 눈물로 추억하는 하용조의 진실한 모습. "정말 아름답다. 참 매혹적이다." 그렇게 찬탄하지 않을 수 없습니다. 이 책을 읽는 모든 사람들에게 하나님께서 그처럼 아름답게 빚어 놓은 하용조 목사의 실체를 만나는 축복이 있기를 소원합니다.

홍정길(남서울은혜교회 원로목사)

**추천의 글**  이동원

어느 사람이나 공적 자아와 사적 자아의 세계가 있습니다.
대부분의 사람들이 아는 하용조 목사님은
공적인 창을 통해 바라본 분입니다.
그런데 이 책은 하용조 목사님의 사적 영역을 열어 보이는
보기 드문 책입니다.
하 목사님과 일생을 공유해 오신 이형기 사모님을 통해
우리는 그 영역으로 진입합니다.
그리고 하 목사님의 열린 사적 마당에서
그가 참으로 누구인가를 만나게 될 것입니다.

저도 일생 그의 동역자로
그의 곁에 머물러 온 친구이면서도
흥분하며 이 책을 읽었습니다.
너무 재미있고 너무 눈물겹고 너무 아름답고
너무 감동적인 책입니다.

공인 하용조가 아닌 인간 하용조를
다시 만나 사귀는 감동을 선물 받았습니다.
하용조 목사님의 삶의 여로에서 그와 호흡을 함께 해 온
모든 사람뿐만이 아닌 멀리서만 그를 바라본 성도들에게도
너무 진한 영감이 될 이 책을 온 맘으로 추천하고 싶습니다.

쿠사츠의 봄, 여름, 가을과 겨울로
하용조 목사님이 그렇게 사랑한 한국 교회가
하나님의 호흡으로 다시 빚어지는 축복을
기도하고 바라보고 싶습니다.

인간 하용조의 친구 됨을
고귀한 추억으로 간직하고 있는 사람,
이동원(지구촌교회 원로목사)

## 서론

남편이신 하용조 목사가 소천한 지 어느덧 일 년이 되어 온다. 그동안 슬픔에 빠져서 많은 분들께 인사도 제대로 드리지 못하여 죄송한 마음에 펜을 들게 되었다.

후임 목사님을 정하시느라 기도와 지혜를 모아 주신 온누리교회와 성도님들께, 이재훈 목사님을 선택해 주신 하나님께 깊은 감사를 드리고 싶었다. 아직도 슬픔의 가운데서 헤어 나오지 못하는 상태에서 쓰는 글의 부족함과 객관성이 결여될 글이라는 것을 본인 스스로 느껴져서 죄송한 마음을 금할 길이 없다. 하지만 남편을 그리고 기릴 때

에 그의 반생을 같이 보냈던 친구와 아내로서 그를 사랑해 주셨던 분들께 작은 편지의 책을 만들어서 드려야겠다는 생각으로 이 글을 구상해 보기에 이르렀다. 부족한 한 여자의 좁은 마음이 그의 생애를 조명해 보는 데 누가 되지는 않을까 걱정이 되기도 한다. 자신의 생각을 여과 없이 풀어 나갈 때 독자들의 넓으신 이해와 아량으로 행간마다 표현하지 못하는 그곳에 상상의 날개를 펴고 가 보실 것을 믿고 감히 이 글을 드린다.

하용조 목사의 이야기는 길다. 그의 생애를 조명해 보

는 방법으로는 그가 어릴 때부터 소천할 때까지의 일들을 상세히 기억하여 사도행전을 기록한 성 누가와 같이 자료를 수집해 보는 노력도 필요할 것이다. 65년이라는 세월 동안 이 땅 위에 발을 딛고 행동하고, 생각하며, 기도하며 교회를 섬기면서 살아진 삶의 요약이 어렵게 느껴졌다. 몇 달의 고뇌 끝에 그러한 연대기적인 연구를 포기하게 되었다. 사복음서에 나오는 예수님의 생애를 읽어 보며 많은 점에서 힌트도 얻게 되었다. 특별히 CGNTV의 사장님이신 조정민 목사님을 만나 뵙고 난 후 하나님께서 많은 용기를 불어넣어 주셨다. 목사님의 1주기에 맞추어 다큐멘터리를 만드실 계획이시라고 설명해 주셔서 많은 부담을 줄이고 가벼운 마음으로 이 글에 임하게 된 것을 감사드린다. 하용조 목사의 삶을 조명해 볼 때 네 가지 부분으로 나누어서 기록해 볼 필요가 있다고 생각한다.

첫째는, 그의 신앙과 사상, 평소의 철학과 소신, 즉 그를 하용조 목사가 되도록 만든 성품의 기초는 무엇이었나?

둘째는, 그의 꿈과 비전은 어디에서 내려오며, 어떻게 받아서, 어떤 과정을 통하여 실현되어 하나님께 다시 바쳐지게 되었는가?

셋째는, 그의 말씀 묵상과 설교를 위한 노력과 전달하는 마음의 과정을 나누어 보려고 한다.

마지막으로, 그의 영성의 여로를 여행해 보듯 같이 가 보면 어떨까?

한 권의 책으로 만들기에는 너무나 방대하고 자세한 부분들을 놓칠 수도 있다는 우려가 생긴다. 나는 천천히 하나씩 쓰기로 마음먹었다. 제목을 정했다. 사계절이 뚜렷하게 채색되어 있는 그의 내면의 변화와 주님께 대한 일편단심의 사랑의 여로를 기록하는 장소에서 사계의 이름으로, 쿠사츠의 봄, 여름, 가을, 겨울로 잡아 보았다. 성도 여러분께서 많이 인내해 주시고 성원해 주실 것이라고 확신한다. 특별히 젊은 청년들의 삶이 꽃피어 향기가 나고 나비가 모이기 전에, 자신들의 삶을 하나님의 축복으로 시작하여 생의 한가운데서 감사제를 드리며, 아름다운 삶의 결실을 하나님께 다시 돌려 드릴 수 있기 위하여 나는 모든 힘을 동원하여 솔직하게 쓰려고 기도하고 있다.

이곳은 지금 봄이다. 오월이지만 벚꽃이 마치 하얀 구름처럼, 뭉게뭉게 피어 있는데, 시냇물이 사방으로 흐른다. 차갑고 두꺼운 하얀 눈이 코트를 벗어 주어서 길인지 물길인지 알 수 없는 곳을 질척거리며 걷고 있노라면 연두빛 작은 이파리들이 영롱하게 비치는 빛의 오솔길을 외롭지 않으려고 사뿐히 걷고 있다.

누구든지 자신의 편이 되어서 성원해 주는 친구들이 필요하다. 나는 남편이 어떤 상태에 있건 무슨 일을 도모하건 그의 편이 되어서 후원해 주었었다. 그도 나의 편이 되고 보호자가 되어 주었었다. 이제 나는 그렇게 절실하게 인정해 주고 따듯하게 보살펴 주던 남편을 잃은 상태에서 이 글을 써야 하는 외로움의 지게를 홀로 지고 있다. 되도록이면 여러분이 힘이 되어 주시고 제 편이 되어 주시기를 부탁드린다. 하나님이 생각나게 해 주시는 대로, 해변에 찍힌 기나긴 발자국을 따라가는 심정으로 이 글을 써 내려가다 보면 하나님의 쉼터에 도달하여 샘터의 생수와 바람이 솔솔 부는 그늘을 만끽하는 순간이 올지도 모른다는 희망을 품어 본다. 하늘에 있는 남편도 화이팅을 해 주고 있다.

## 1. 젊은 날

한 젊은 남자가 땀을 뻘뻘 흘리면서 걸어오고 있었다. 머리는 장발인데 거무튀튀한 얼굴에 새겨진 이마의 주름살이 눈에 띄게 인상적이었다. '저 남자는 무슨 고민을 하고 있는 것일까?' 체구가 크고 무엇인가를 감내해야 하는 자신을 붙잡아 주려고 노력하고 있다는 느낌이 들었다. 그런데 자세히 보니 전에 만나 본 적이 있는 사람인 것이었다. 대학교를 졸업하고 뉴질랜드에 있는 신학교에 가려고 준비를 하며 외국인 회사에 다니고 있을 때 나는 그를 가까이서 만나 본 적이 있었다. 조동진 목사님이 Dr. Winters라는 교수를 초청해서 mission conference를 하시는데 나는 직장 생활을 하면서, 그는 버들캠프장에서 홍정길 간사님과 함께 합숙하면서 약 두 주일 동안 머무르며 참석하던 CCC의 하용조 간사인 것이 분명했다. 그러나 그는 길 한가운데서 있는 사람을 한번 쳐다보지도 않고 그냥 지나쳐 가고 있었다.

"하용조 씨 아니세요?" 그는 친절한 표정으로 쳐다보다가 이내 환한 얼굴을 보여 주었다. 그는 자기 사무실이 가까운 곳에 있으니 가서 차나 한 잔 하고 가라고 하였다. 본인을 소개할 때 나는 조금 놀랐다. 자기는 그동안 목사가 되어서 연예인교회를 섬기고 있다고 하였다. 이름도 생소했지만 그가 처음부터 조금 비범한 인상의 소유자였던 것을 상기하면서 역시 하나님께서 잘 뽑아서 일을 시키셨다는 생각을 하며 따라가고 있었다.

그는 많은 질문을 하였다. 결혼을 했느냐, 자녀는 몇 명이냐, 어디서 일을 하고 있느냐, 어디서 사느냐 등 별로 자세하게 대답해 주고 싶지 않은 심정이었지만 정직하게 고

백적인 태도로 성실한 대답을 했다고 생각한다. 그 후에 본인이 오해를 하셔서 집을 잘못 찾아왔다든가 많은 해프닝이 일어난 데 대하여는 우여곡절이 많았다. 아무튼 그는 지쳐 있었고 결혼을 해야 할 때가 지난 청년이었던 것은 분명했다.

그날 이후로 그는 사정없이 나타났다. 집안의 반대에도, 나 자신의 소극적인 태도에도 굴하지 않았다. 드디어 어느 날부터인가 나는 생각해 보기에 이르렀다. '이 사람이 이렇게 적극적인 사람이라면 내가 겸손하게 받아 주어야겠다. 세상을 살면서 이런 유의 사람을 만날 기회를 또 받을 수 있을까?' 하는 감동을 주는 사람이었다. 며칠 더 시간을 가지고 기도를 하는데 꿈도 희한한 것을 꾸고, 하다못해 언니네 옆집에 사는 분까지 꿈을 꾸서서 동생이 결혼을 하냐고 아침부터 물으러 오셨다. 다른 것은 몰라도 그렇게 정열적인 사람이라면 삶도 열정적으로 이루어 낼 수 있겠고, 하나님께 잡혀서 사는 인생이라면 도와주고 싶은 감정이 생겨서 잠시 사귀어 보고 서로가 정말 맞는 짝인지 확인해 보자고 하였다.

그가 좋아했던 표정을 잊을 수가 없다. 그는 세상을 모두 얻은 것처럼, 함박눈을 즐기는 강아지처럼, 하루 종일 기뻐했다. 그때는 우습지가 않았다. 나는 막중한 중압감과 사명감의 부재를 느끼면서 이제는 더 이상 거절할 수 있는 힘이 없음에 절망하고 있었다.

집에 돌아가 부모님께 의논을 해 보니 생각보다 반대가 심했다. 한번 집에 와 보라고 했더니 고려당 케이크를 한 상자 사 가지고 조심스럽게 들어왔다. 엄마가 조목조목 물어 가며 반대를 하시자 아빠는 구석에 있는 안락의자에 몸을 기대고 계셨다. 나는 최선을 다해서 하용조 씨의 편을 들어 주었다.

"엄마, 그래도 내 future husband가 될지도 모르는 사람이 왔는데 차도 대접하지 않고 그냥 보내실 생각이세요?" 엄마가 아래층 부엌으로 내려가시자 아빠가 아주 작은 소리로 중얼거리셨다.

"너희들이 좋으면 하는 거지 뭐…."

아빠는 원래 평화주의자셨다. 다만 하용조 씨는 문화의 차이가 너무나 큰 요인이라는 것을 확인하고 집으로 돌아갔다. 그 후 며칠 연락이 없기에, '포기한 것 아닌가? 싱겁기는 …' 하며 그런 줄로 알고 있었다. 며칠 후 전화가 왔는데 들어 보니 여리고 성과 같은 난공불락이라고 느껴져서 기도원에 다녀왔단다. 다시 시작해 보자고 하였다. 그는 여리고가 인류역사상 가장 오래된 도시 중의 하나이며 이스라엘 민족이 도착하여 일곱 바퀴를 돌기 전에 이미 20번의 재건축이 있었으며 도시에 있는 두 성을 합쳐서 그 위에 다시 한번 재건축하였었기에 쉽게 무너질 수 있었다는 것을 기억해 두라고 말했다. 아브라함이 아비와 그 친척을 떠났던 갈대아 우르를 메소포타미아 문명의 발상지로 가장 오래된 도시로 생각하고 있었지만 비슷하게는 맞추었다는 생각이 들어서 나는 그가 고고학적인 발굴에 대한 상식이 있는 것에 조금 마음이 놓였다.

나는 당시 40킬로그램밖에 안 되는 작은 여자였으므로

2차전에 돌입하는 태세를 갖추기에는 너무나 힘이 달린다고 생각했다. 이 반대는 하용조 씨가 부르짖는다고 풀어질 일이 아니었지만 본인은 불가능은 없다고 생각하는 듯해서 무리한 결정이 아닌가 생각하기도 했다. 혹시 무례한 사람이 아닌가 하는 걱정까지 되었었다.

며칠이 지나자 진행이 조금 빨라지는 듯했다. 이제는 결혼을 해 드려야 할 것 같은 부담감마저 느꼈다. 시아버님과 시어머님이 시골에서 며느릿감을 보러 오셨는데 별로 마음에 꼭 들어 하시는 것 같지는 않고 한 80점 정도는 주셨다고 하였다. 약간 서양 여자 같다고…. 사람이 시험을 보아도 80점이라면 좀 적지 않은가? 나는 헤어지는 것을 쉽게 결정할 수 있다고 하였다. 이제 양가의 어른들이 별로 탐탁해 하지 않으시니 그만 만나는 것이 어떻겠냐고 물어보았다. 그는 아니라고 하였다. 그 정도면 만족하다고 하면서 감사의 기도를 또 드리자고 내 손을 덥석 잡았다. 나는 그의 손힘이 그렇게나 센 줄은 상상하지 못했었다. 그때까지 내가 잘 아는 남자는 아버지였는데 아버지의 손은 곱고 만년필을 하나 잡고 글을 써 내려가는 모습이 예뻤다. 나는 으스러지는 힘을 참으며 도저히 기도에 집중할 수가 없었다. 앞으로 그렇게 육체적인 사랑의 고통을 감당하며 어떻게 살아야 하는가를 생각하며 한심하다는 생각을 하고 있었다. 그러나 그는 자신의 기도가 끝난 후 나에게도 기도를 시켰다. 나는 못한다고 거절하였다. 손을 좀 놔주었으면 좋겠다고 하자 비시시 웃었다.

하루는 이대 입구에 있는 구름다리 끝에 앉아 골똘히 생각하며 지각생 하용조 씨를 기다리고 있었다. 그쯤 되었으면, 결혼을 할 것인가 말 것인가 결정을 해 줄 때가 된 것을 인지하고 있었다. 왜냐하면 자기는 연애하고 데이트를 할 시간이 없다고 하였다. 그러면, 연애도 안 해 보고 그냥 살기로 해야 하는가? 그는 살면서 평생 사랑하자고 하였다.

그 당시에는 핸드폰도 이메일도 안 되는 때였다. 그가 두 시간 내에 올리는 만무했다. 나는 광화문 우체국으로 가서 옛날부터 잘 알고 지내던 친구에게 국제 전화를 해 보았다. 그는 무조건 결혼하라고 하였다. 남자가 그렇게 사랑한다면 모든 조건이 완성된 것이라고 축하해 주었다. 나의 신앙심이나 영성으로 볼 때 내가 목사하고 결혼이나 해야 만족할 것 같다고 말했다. 그 친구와 내가 헤어졌던 이유는 다름 아닌 헌신의 문제였었다. 그러나 나는 그 친구가 늘 신사적인 사람이라고 생각하고 신뢰하고 있었다.

내가 우체국에서 돌아오자 하용조 씨는 당황하여 나를 찾고 있었다. 나는 미안하여 결혼할 수 있다고 달래 주었다. 그는 무슨 기적이 일어난 것처럼 나를 뚫어지게 바라보았다. 훗날 그 친구를 소개해 주었더니 멋지게 생긴 신사라고 매해 크리스마스 때마다 서로 전화로 안부를 전하곤 했다. 그렇게도 자아가 너무 많아서 주님을 심각하게 믿는 것을 시도도 해 보고 싶어 하지 않았던 그였지만, 후일에는 남편을 끝까지 존경해 주는 후원자로, 온 가족이 주님 안에서 기쁨으로 사는 한 가정을 이루었다.

하용조 씨가 질투하지 않는 것이 신기했다. 그는 사람이 짝을 만나서 결혼할 때까지 몇 번의 실습 과정이 있는 것이며 본인도 과거의 실습을 통하여 나를 본 순간 바로 기다리던 여자였다는 것을 1초 안에 직감할 수 있었다고 하였다. 훗날 우리도 자식들에게 몇 명을 만나 보고 난 후 결정할 것을 권유하기도 하였다.

나는 집에 가서 부모님께 말씀드렸다. 하용조와 결혼하기로 결정하였다고 떳떳하게 말하였다. 지금 생각해 보면 내가 외국에서 유학도 하고 해서 약간 서구적인 사고방식의 소유자였던 것 같다. 본인의 결혼 상대자는 본인이 선택하여 결혼에 대한 결정은 절대적으로 본인이 정하는 것으로 당연히 생각하고 있었다. 나는 우리의 자녀들이 사랑하는 사람을 데리고 왔을 때도 그 자리에서 축복해 주었었다.

당시 부모님들은 놀라하셨다. 다시 한번 장시간 동안 반대를 하셨다. 다른 사람과 선을 보도록 주선을 해 놓았으니 일단은 만나 보라고 하셨다. 나는 만일 강제적으로 선을 보아야 한다면 나가서 애인이 있다고 말하고 들어오겠다고 말하였다.

밤새 생각해 보니 이 문제는 하용조 씨가 해결할 수 있는 문제가 아니며 한 가문의 문화의 벽이란 단숨에 교육되거나 극복될 수 없는 문제라는 판단을 하였다. 그 문제는 나 자신이 홀로 싸워 내야 할 문제였다.

나는 아침 다섯 시에 현관으로 나갔다. 조금 기다리고 있으니까 아빠가 나오셨다. 어디를 그렇게 이른 새벽에 가느냐고 물으셨다. 나는 밤새 하 목사가 보고 싶어서 잠을 못 이루고 해가 뜨기만을 기다렸다가 만나러 나가는 길이라고 말씀드렸다. 아빠는 너무 놀라하시면서 제발 내가 먼저 포로포즈하면 못쓴다고 하셨다. 나는 벌써 했다고 말씀드렸다.

나는 새벽을 뚫고 나와 하 목사가 좋아서 미친 여자가 되었다는 메시지를 전달하는 데는 성공하였지만 그의 집으로 가서 그를 깨울 만한 용기는 전혀 없다는 것을 느꼈다. 공중목욕탕으로 해서 홍은동의 산등성이를 넘어 그의 집에 도착하여 벨을 누른 시간은 오전 10시였다. 내가 그런 희생의 행동을 통해 결혼에 이르게 된 것을 안 것은 결혼 후 10년이 지난 후였다. 그러나 그는 결혼 당시의 일처럼 고마워해 주었다. "I am proud of you, Dalleen. I am so proud of you!(당신 잘했어. 정말 당신이 자랑스러워!)"

나는 젊은 날 한국의 토속음식을 먹는 사람과 사는 것을 비문화적으로 생각한 적이 있다. 그 고린내 나는 된장, 뚝배기, 날파, 지독한 묵은 지 냄새 등을 싫어하곤 했다. 갖은 양념을 하고 생선을 조려 놓고는 그것으로도 모자라서 고춧가루까지 뿌려서 다시 한소끔 끓여 먹는 것은 별로 좋아하지 않았다. 청국장찌개는 정말 견디기 힘든 음식이었다. 겨울에는 동치미에 참기름을 몇 방울 떨어뜨린 후 흰 밥을 말아 먹었다.

나는 살짝 데친 야채나 두부, 물미역 정도로 비교적 간이 없는 음식을 선호했었다. 나는 신혼 초 남편의 음식에 간을 제대로 맞추어 주지 못하여 애를 먹었다. 아무리 자극적으로 해 놓아도 무엇인가 부족하여 마지막 맛은 본인이 내도록 음식을 끓여 놓기만 하고 들어오시기를 기다리고 있었다. 아주 매콤한 국물을 만들어 놓고는 '시원한 맛'이라고 하곤 했다. '그 자극적인 양념들이 몸으로 들어가서 장기에 쌓이면 어떻게 되겠는가?' 하면서도 감히 그 근본적인 맛의 굴레를 개혁하지 못하고 있었다. 내가 다른 종류의 음식을 먹을 때 그가 나를 존중해 주는 것같이 그가 좋아하는 음식을 존중해 주어야 하겠다는 결심을 여러 번 하였다. 그래도 그가 때로, "당신과 살다 보면 국제결혼을 한 것 같은 느낌이 들 때가 있어. 내가 어떤 뺑코나라에 가서 선교사가 된 것 같기도 하구…." 하면, 나는 무조건 미안하다고 사과했었다.

그도 노력하는 사람이었다. 그는 어디 가서 특이한 요리를 대접받고 들어올 때는 연구를 해서 주방장을 만나고 나서는 반드시 재료를 사 가지고 들어오곤 했다. 이태리 음식이나 불란서 요리를 해서 맛이 어떠냐고 물어보는 것이 취미인 것 같았다. 사실 스파게티 소스에 바질 잎을 열 개쯤 넣어서 나는 거의 공포에 떨곤 했었다. 설교할 때 자주 예를 들어 부인이 좋아하는 샐러드에 대한 얘기를 할 때 나는 부끄러워했다. 오죽한 것이 곰탕을 못 먹어서 그렇게 남편의 신경을 쓰게 했을까? 사실 요 몇 년 사이에는 잘 먹게 되었는데…, 사실은 곰탕집에 마구 버려진 나무젓가락의 껍

질들이 나를 질리게 했던 것 같다…. 그 네모난 깍두기만 안 먹으면 되었을 텐데…. 바보다.

그는 신혼 초에 운전을 쌩쌩 했었다. 나는 평생 엄마 아빠 집에 있던 고 기사 아저씨의 점잖은 운전에 익숙해 있었다. 점잖게 양보하는 운전 솜씨를 아쉬워하였었다.

문명화되어서 문화인이 된다는 것은 사람이 좋아야 하며(nice), 좋은 매너(mannerly)가 몸에 배어 있어야 하며, 마지막으로 모든 사람과 평화로운(peaceful) 관계를 유지해야 한다고 생각한다. 이 세 가지 양식은 인류의 역사가 기록되기 시작하여 도시를 형성하고, 문명의 발상지를 만드는 강과 삼각주들의 비옥한 땅을 소유하기 시작한 인간의 삶에 기본이 되는 요소들이었다고 생각한다. 그래서 이러한 성질의 발전은 인간들이 결혼하고 사회인이 되는 과정에서 반드시 습득되어야만 하는 것이다. 가정에서나 사회에서 이런 것들이 배워지지 않으면 가정과 부부관계에 크나큰 상처가 생긴다.

하용조 씨는 성품이 착한 사람이었다. 비록 그가 건강하지 못하여서 주변의 사람들과 개인적인 교제를 충분히 못해 드리다가 소천했지만 그가 심성이 착하고 곧은 사람이었다는 것만으로도 온누리교회를 평화롭게 이끌어 나갈 수 있었던 것에 감사할 수 있을 것이다. 그는 좀처럼 인격을 쏟아 놓는 실수를 하지 않았다. 점잖으면서도 온유하게, 솔직하게 말하는 것을 전혀 두려워하지 않는 사람이어서, 때로는 옆에 있는 사람들이 불안해했다.

그는 성격이 복잡하지 않았다. 무슨 꾀를 써서 사람을 설득하거나 변명하는 일은 절대로 시도해 보지 않는 사람이었다. 때로는 바보처럼 나가서 당하고 왔다. 내가 답답하다고 하면, 자신은 상처를 안 받는다고 괜찮다고 하였다. 어떤 일이 있어도 잠도 잘 자고, 밥도 잘 먹고 체하는 적이 거의 없었다. 마지막에 소화가 잘 안 되는 상태가 되자 자기는 소화 못할 일이 없었는데 왜 자신의 위가 협조를 안 해 주는지 잘 모르겠다고 하곤 했다.

사람이 결혼해서 그리스도인으로서 살기 위하여 노력해서 이룰 수 있는 실천가능한 그리스도의 성품이 그에게는 없었다? 아니, 있었다. 그에게 있어서는 그렇게 산다는 것이 가장 자연스러웠다. 때로는 내가 어떻게 그러고 사느냐고 하면, "It is very easy(아주 쉬워)." 하며 하나님의 말씀을 읽어 보고 고대로 살면 된다고 말해 주곤 하였다.

그가 가자 나는 여지없이 무너졌다. 그가 잡아 주고 있던 나의 온유함과 참음과 인내는 찾아보려야 찾아볼 수 없었다. 그가 없으니 나는 똑똑해져야 한다고 생각했다. 집안의 가장으로서 또 나 자신의 신세지지 않는 삶을 세우기 위하여 나는 깊은 암흑의 혼돈 속을 드나들었다. 우선 이러한 삶이 정립되기 전에는 사람들을 만나지 말아야겠다고 생각했다. 아니 만나기가 두려웠다. 아직도 내가 주변을 조용히 받아들이고 포용할 만한 여유가 없는데도 독자들에게 혼돈을 줄 수 있는 글을 쓴다는 것이 모순이라는 생각을 하고 있다.

하루는 한 친구에게 부탁하여 내가 써 놓은 서문(preface)을 읽어 봐 달라고 부탁하였더니 글을 다 끝낸 후 조금 고쳐서(revision) 맺는 말(epilogue)로 내라고 하였다. 너무나 정리되지 않은 정직한 마음의 고백이 차갑게 느껴졌던 것 같아서 그렇게 하기로 하였다.

한 환자가 병원에 익숙해지고 일주일에 세 번씩 드나든다고 하자. 그렇게 되면 일종의 루틴(routine)이 된다. 직업처럼, 습관적으로 다니는 일이 된다. 의사 선생님과 간호사들은 이 환자의 증상을 자세히 알고 대처해 주신다. 우리는 각종 병원이 어떻게 돌아가고 있는지 구조(system)를 알고 병원에 몸을 맞추어 주는 사람들이 되어 보려고 노력하였다. 그러나 때로는 변수가 생긴다. 어떤 가능성이 앞으로 생길 수도 있으니 조심하라는 경고도 해 주시곤 하신다.

외래환자가 문제가 생겨서 입원환자가 될 때는 '병원도 매너가 있어서 문화인들이 사는 곳으로 개선될 수는 없는 것일까?' 하는 질문을 마음속으로 하곤 했었다. 한 특정된 병원의 어느 병동의 한정된 이야기는 아니겠지만, 예를 들어 본다면 말이다.

하용조 목사는 환자라기보다는 귀빈의 대우를 받은 사람이다. 남편과 나는 의사 선생님들께서 사명을 가지시고 그를 정성으로 돌보아 주신 은혜를 잊을 수 없을 것이라는 이야기를 한 적이 많았다.

그가 때로는 토했고 선홍색의 물을 보여 주며 두려워했다. 또 무슨 수술로 막아야 혈관이 출혈하는 것을 막을 수 있을까? 환자는 예민해진다. 물론 금식을 시키며 약을 복용하여 출혈은 멈추었다. 나는 아무 일도 아닌 것처럼 문제될 것이 없다고 의사보다 더 전문적인 설명을 해 주곤 했었다.

이때 인턴과 레지던트들이 수도 없이 들어와서 똑같은 질문을 한다. 각각 해당되는 과의 담당 선생님들이 들어오시기 전에 그들이 모든 정보를 차트에 적어 놓아야만 하기 때문이다. 그때 환자들은 엄청난 혼돈의 고통을 당한다. "여보, 나 집에 가고 싶다…." 똑같은 질문이 반복될 때 바로 전에 대답한 답도 틀리게 할 때가 있다. 마치 검찰에 조사를 받으러 들어가면 똑같은 질문을 반복적으로 수사관을 바꾸어 가며 물어보는 고문을 하다가 말이 틀려지면 꼬투리를 잡고 늘어지는 수법처럼 말이다.

이럴 때는 맨 처음 질문을 한 분의 질의문답을 존중해서 컴퓨터에 입력된 결과를 가지고 서로 모여서(conference) 치료의 방법을 의논한다면 어떨까 생각해 보았다. 환자와 의사들의 시간이 낭비되지 않고 너무 권위적인 일들이 생략될 수도 있지 않을까? 외국의 병원에서는 한 분의 선생님이 물어본 질문은 어느 누구도 다시 하지 않았었다. 이미 정보를 공유하고 있었던 것이다. 우리 사회 전반의 구조와 일의 지침들이 많이 정돈될수록 선진국의 문화생활이 가능해질 것이다. 동식물의 종의 기원은 창조론으로 유지된다고 하여도, 사람들이 일하는 태도와 예의범절은 무수히 연구되고 진화되어야 할 것이다.

## 2. 지식과 정보의 공유

하용조 목사와 사는 즐거움 중 하나는 그가 가지고 있는 학식이나 상식과 정보를 뽑아다 보기에 잘 정돈된 도서관과 같이 언제나 도움을 받을 수 있도록 설계되어 있었다는 것이다. 나는 신혼 초 영시의 한 구절을 인용하여 얘기한다든지 생각나는 작가들의 작품에 나오는 인물을 걸어 농담을 하곤 하였다. 그는 그저 싱글벙글 웃기만 하며 듣고 있다가, "그런 걸 그렇게도 해석할 수 있구먼… 하하하… 몰랐어. 당신 정말 창의적이다. 그 작가의 의도와는 정반대의 생각이 났어? 현대판 사이러스 마너구먼…."

젊은 날 청계천 중고서점을 드나들며 닥치는 대로 책을 읽어 다독과 정독으로 저장해 놓은 실력과, 전공서적 몇 개로 씨름을 하다가 겨우 졸업을 한 나와의 차이는 큰 도서관만한 분량의 차이인 것을 깨달은 날부터 나는 그를 스승으로 모셨다. 그의 머릿속에는 메모리의 저장 탱크가 몇 기가바이트였을까? 버튼만 누르면 정보가 튀어나오는 로봇처럼, 그가 말을 시작하면 책의 목차(table of contents)가 나왔다. 가난은 누구도 해 줄 수 없는 교육의 아버지이다. 그가 부잣집 아들로 유복하게 자랐다면 그렇게 책 한 가지로 장난감을 삼았겠는가? 어린시절 가난한 삶을 제공해 주셨던 시부모님께 감사를 드린다.

다만 그를 도울 수 있는 구멍이 있었다면 그것은 내가 영어로 말하거나 쓰는 것을 더 쉽게 할 수 있었다는 것뿐이다. 하나의 언어를 배우게 되면 그러한 언어를 사용하는 민족의 마음과 문화 속으로 들어가서 그들의 역사와 삶의 방식의 자세한 부분들을 포용할 수 있다고 생각해서 나는 하용조 씨도 언어를 하나 마스터했으면 좋겠다고 생각해 보곤 했었다.

　나는 되도록이면 새로운 경향(new trends), 즉 새로 생겨날 수도 있는 경제 사회적인 방향의 물결(movements)들을 따라 곧 도래하고 있는 다음 시대(next paradigm)의 가능성에 대한 정보들을, 그 기초가 될 수 있는 사상과 생각(idea)들을 물어다 주곤 했었다. 아무리 작고 보잘것없는 정보라도 그는 우습게 보지 않았다. 그러한 작은 생각들을 모아 나무를 심고 꽃을 만개시켜서 보여 주는 정성은 너무나도 귀한 사랑의 표현이었다. 나는 그에 대한 기대가 실망의 빗방울로 느껴져서 우산을 접어 버린 기억이 거의 나지 않는다.

　그는 내가 모아다 주는 정보를 대할 때마다 그것을 가지고 밤이 새도록 연구하는 생도처럼, 신입생의 기쁨으로 연구하기 시작하곤 했다. "당신, 먼저 자, 내가 좀 공부할 게 있어서…" 하면, 나는 차를 한 잔 타다 드리고는 먼저 잠이 들곤 했었다. 그렇게 며칠이 지나고 나면 어느덧 생도에서 스승이 되어 한 단계 높아진 자세한 고급 정보를 가지고 나에게 명강의를 해 주곤 하였다. 나는 너무 흡족하여, 그가 밤하늘에 남몰래 별들을 꽂아 놓고 돌아와서는 내가 어떤 별을 선택할지 눈치를 보고 빨리 가서 하나 따다 주는 사람처럼 보이곤 했다.

나는 지난 6년 간 일본에 살면서 남편을 안정시켜 드리려고 노력했다. 다행히 일본어를 구사하는 비서가 있어서 일본어를 배울 필요는 없었다. 남편이 소천하신 후 그래도 그와의 추억이 묻어 있는 일본을 드나들며 숨어 지내면서 뒤늦게나마 일본어로 소통하며 살아 내야 하는 어려움을 겪고 있다. 부부가 같이 숨을 쉬며 산다는 것, 그것이 어떤 언어로도 구사될 수 없는 의사소통인 것을 나는 왜 이제야 깨달으며 슬퍼하고 있는 것일까?

지난 주 한국을 방문하였을 때 남편의 무덤을 양지 선교센터로 이장하고 기념관을 마련해 주신다고 하셔서 그곳에 보아 두신 자리를 보러 갔었다. 너무나도 양지바르고 아늑한 밭이 몇 고랑 되는 예쁜 땅이 있었다. 나는 다시 한번 옛

날의 버릇이 발동하는 것을 느꼈다. 다음 세대의 장지 문화는 어떠한 모양일까? 하용조 목사를 기념하는 기념관의 목적은 무엇이며 그것들에 부응하기 위한 디자인은 어떤 것들이 있을까?

과연, 유리관에 그가 쓰던 유품인 성경과 찬송가를 펴 놓고, 옷걸이에 설교하실 때 입었던 양복, 넥타이, 구두 등을 걸어 놓고 밀랍 인형이라도 만들어 세워 놓고, 설교가 녹화된 CD와 DVD를 판매하는 작은 shop을 열 것인가? 우리 세대가 지나고 나면 누가 하용조 목사를 기억하며 이 기념관에 방문을 하겠는가? 양지 선교 센터에 선교사 지망생으로 들어온 예비 선교사들의 성지 순례 코스로 마당만 밟고 지나다니게 할 것인가? 우리가 무엇을 건축하거나 소중한 예산을 들여서 중요한 내용을 표현하고자 할 때는 반드시 전문가의 아이디어와 디자이너의 도움이 필요하다는 생각을 해 본다.

헨리 나우웬(Henri Nouwen)의 작은 나무 십자가로 장식된 무덤은 그의 평소의 철학이 소담하게 담겨져 있어서 주변의 화려한 무덤들과는 비교가 안 되는 가치를 창출한 것이라고 본다. 그의 무덤이 작고, 작은 나무가장구 둘로 장식되어 있는 배경은 그 나름대로의 메시지가 크다. 그가 설교하며 살았던 삶 자체가 simple life(단순한 삶)이었고, 그의 유언과 삶의 위대한 무게는 그의 무덤이 상징하는 바가 작아질수록 보는 이로 하여금 감동을 받게 되어 있다.

온누리교회장으로 치러졌고 장지의 선택도 미리 예상되었던 곳이 사용된 점을 고려해 볼 때 나는 그 장소가 가장 훌륭한 선택이었다는 믿음을 갖고 있었다. 또한 온누리 동산을 이미 사용하신 성도님들과 앞으로도 사용하실 계획을 하고 계신 성도님들은 하용조 목사님과 한곳에 묻힌다는 것이 크나큰 위로가 될 것이라고 생각된다.

다만, 하용조 목사의 성품과 평소 때 아름다운 정원을 가꾸는 것이 작은 소원이었던 것을 기억해 볼 때, 부인인 나로서는 예쁘게 꾸며 드리고 싶은 마음이 있다. 화려하다기보다는 나와 성도들의 정성으로 꽃도 심고 나무도 심은 동산 가운데 무덤을 두고, 기념관은 어디 장소가 남은 공간을 사용하여 썰렁하게 하지 말고, chapel을 정식으로 작게 지어서 예쁜 교회당을 지었으면 한다. 시골 교회 의자를 놓고 벽면을 오각형으로 하여 전면의 작은 유리창을 통해서 무덤이 내어다 보이는 예쁜 곳이 되었으면 좋겠다는 소망을 가져 본다. 특별히 그가 전생을 바쳐서 사랑하던 선교와 선교사님을 훈련하는 곳에 그를 모셔 줄 수 있다면 그는 하늘나라에서 기뻐할 것이라는 확신이 생겼다.

　무엇을 전파할 것인가? 내용이 중요할 것이다. 여러 면으로 된 벽에 스크린을 얌전히 내장하여 디지털 시대에 맞는 방법으로 컴퓨터를 통해서 많은 메뉴의 선택을 가능하게 해 주고, 개인적으로는 이어폰을 제공해 드린 후 한 스크린씩 차지하고 앉아서 그의 유품들과 설교 내용을 보고 들으며 한 사람의 생애를 묵상하고 돌아갈 수 있도록 하면 좋지 않을까 생각해 본다. 내용을 가끔 update해 드리는 것은 물론이고, 멀어서 방문하기에 시간을 내기 힘든 분이나 해외에 계신 분들도 인터넷으로 보실 수 있도록 도와드릴 수 있다면 많은 사람들로 하여금 그를 추모할 때에 예수님의 지상명령을 따르려고 애쓰는 온누리교회를 배워서 살아갈 수 있도록 하였으면 좋겠다는 생각에 발동이 걸리기 시작했다.

## 3. 하용조 목사의 삶과 목적

"한 인간의 삶은 어디서 시작하여 어디로 가는 것일까?" 이 문제를 잘 해석해서 각 사람의 영혼이 돌아갈 본향을 알려 주는 것이 하용조 목사의 사명이었다. 우리 모두는 주소를 가지고 있다. 저 우주(universe)의 수많은 위성과 행성에서 지구(earth)라는 작은 별을 찾는다는 것은 쉬운 일이 아닐 것이다. 지구에 들어오면 오대양과 육대주가 있다. 아시아(Asia) 대륙의 극동에 반도로 붙어 있는 대한민국(Korea)을 보라. 토끼같이 귀여운 이 작은 땅을 이념의 차이로 반씩 나누어 대립의 각을 세우며 국방의 힘을 빌려서 살고 있다. 백두산에 가서 천지의 아름다움을 본 적이 있다. 천지의 이편은 중국, 저편은 북한이었다. 자연의 아름다움이 이념의 경계를 모르는 듯 소담하게 피어 있는 들녘의 꽃들이 나의 마음을 슬프게 했었다.

이 땅의 남쪽에는 신발만 팔아먹어도 갑부가 될 만큼 인구가 많다. 그중에 대다수는 수도와 도시로 모두 몰려서 비좁게 지내면서 하루하루를 전쟁터에서 지내는 야영객들처럼 밤이 되면 차를 타고 각각의 주소로(address) 들어가서 꼬부리고 잠을 잔다. 다행히 그들이 주소지가 있으면 가족이 있어서 외롭지 않다. 서로를 위하여 살아 주지만 시험과 어려움이 시작되는 곳이기도 하다. 사랑하는 사람과 결혼하여 자녀를 낳아서 기르고 교육시키는 동안, 세월은 살같이 날아가 버린다. 병고나 사고에 시달리는 고난의 삶과 이혼이나 사별을 통한 남은 가족들의 고난과 고충을 들어 주는 곳은 없다.

인생은 무엇인가? 어디로 와서 어디로 가는 것일까? 이러한 문제를 생각할 여유가 있는 사람은 복 받은 사람들이다. 졸지에 생명을 잃는다면 얼마나 당황할까?

    하용조 목사가 가지고 있던 초미의 관심은 갈 길을 모르고 방황하는 영혼들에게 본향을 찾아주는 일이었다. 그 어떤 다른 헛소리는 하지를 않았다. 어떤 내용으로 자료를 섞어 넣어도 그의 국수틀을 빠져나오면 희망의 복음이 되어 있었다. "여보, 당신 매일 같은 소리만 한다고 내쫓기겠다." 하면, "결국은 나를 다시 부를 거야." 하며 웃곤 했다. 그렇게 자신 만만한 태도는 어디에서 온 것인가? 말씀을 읽으며 그대로 믿고 받아들이다 보니 생명과 능력의 삶이 진정 존재한다는 것을 매일 매일 체험하여서 복음의 선명성을 부인할 수 없었을 것이다.

    때로는 참혹하고 가련할 정도로 복음의 독선에 목을 매고 있었다. "내가 곧 길이요 진리요 생명이니 나로 말미암지 않고는 아버지께로 올 자가 없느니라."라는 말씀에서 I am THE WAY, THE TRUTH and THE LIFE라는 구절의 THE라는 정관사가 가리키는 것이 절대적으로 유일

한 길이며, 진리며 생명이라는 사실을 기억하며 어떤 다른 진리와도 타협하지 않았다. 예수 그리스도의 유일성을 희석하여 합리화시키려는 시도는 절대로 하지 않았다. 어떻게 세운 그리스도의 반석인데 그것에 흠집을 내겠냐고 반문하곤 했다.

그는 그렇게 할 만한 포용성도 관용성도 없었으므로 한국 교회를 대표하여 타종교와 대화할 수 있는 어른이 되지 못했다. 그러나 그의 복음에 대한 확신은 천당과 지옥을 여러 차례 여행하고 온 사람처럼 확고했다.

온누리교회에 이단이 들어오는 것을 눈치라도 채면 예배 시간에 공개적으로 경고를 했다. 나는 복음에 타협이 없었던 남편이 소천한 후 인터넷상에서 여러 모양으로 비판을 받는 것을 읽어 보고는 할 말이 없기에 프린트를 해서 한 열흘 동안 하나님 앞에 펼쳐 놓고 있었다. 하나님은 다 읽어 보시고 이제 고만 치우라고 하셨다. 하나님이 알아서 판단하시고 심판하시겠다고 하시는 것 같은 확답을 받은 후 쓰레기통에다 얌전히 접어서 버렸다.

예수 그리스도의 탄생의 시점에서 보면 로마제국만이 존재하는 듯이 보인다. 하지만 기원전 마지막 세기에는 다른 제국들도 탄생하며 기지개를 피웠었다.

중국(China)과 미 대륙(Americas)의 잉카문명이 눈을 뜬 것도 같은 시대일 것이다. 이스라엘 마카비들의 신구약을 가르는 300년 암흑의 시간 동안에는 선지자도 없었다. 바리새파와 사두개파들이 세력을 키운 것도 이 무렵이었다.

로마제국이 권력의 중심에서 공화국을 만들면서 민주적인 공회를 만들려고 시도를 했다는 것은 그 시대를 묵상하고 깊이 사고하며 고독과 싸우던 그리스의 아리스토틀들의 철학적 입담이 지대한 영향을 주던 시기였다는 것이다. 그 유명한 줄리어스 시저(Julius Caesar)와 삼총사였던 리시니우스(Marcus Licinius Crassus)와, 폼페이우스(Gnaeus Pompeius Magnus)를 훌륭한 리더로 삼고 눈에 보이는 곳까지 영역을 넓히고 가서 보면 또 보이는 곳이 있어서 또 전쟁을 일으키어 땅 뺏어 먹기를 하다가 나중에는 예루살렘까지 점령당하기에 이르렀다.

하나님 아버지께서는 예수님을 보내셔서, 로마제국의 집정관들에 의해서 박해를 당하게 하시고, 본디오 빌라도에 의해서 십자가에 못 박히는 것을 허락하셨다. 인류의 역사가 이렇게 피투성이인데 하늘나라의 개입은 당연한 일이었을 것이다.

목회도 마찬가지로 전쟁터이다. 얻어맞고, 피가 터지고, 인간의 한을 교회에 와서 푸는 당회원들과 목사들도 있다고 들었다. 하용조 목사는 무서운 용사는 아니었지만 합리적인 사고방식을 소유한 인간이었다.

그는 교회의 비합리적인 제도를 끈질긴 설득으로, 때로는 용감하게 개혁하며, 그리스도가 지상에서 승천하시자마자 다락방에 임하게 하신 성령의 능력으로 만들어진 첫 번째 교회를 늘 생각하고 모델로 삼았다. 그는 인간들이 만든 조직은 날로 후패하며 유기체(organism)적인 자유를 없애고, 성도들을 제도(organization) 속에 가두며 기관화(institutionalization)되는 것을 목격하고 가장 신선했던 초대

교회의 모습을 다시 구현해 보려고 매일 기도드렸다. 우리 부부는 매일 밤 자기 전 손을 잡고 이 비전이 성취되게 해 달라고 기도드리곤 했다.

하나님께서 주신 생각은 아무리 꺾으려야 꺾을 수 없는 확신으로 곧게 서서 진행하곤 했었다. 때로는 마치 승전가를 부르는 전사와도 같이, 돌아온 라이온 킹 같은 큰 소리로 울부짖는 남편을 바라보며 나는 감사의 기도를 드리곤 했다.

하루는 친정아버지께 하 목사의 설교가 어떠냐고 여쭈어 보았다. 아버지의 신앙과 철학에는 많이 못 미치는 듯 그냥 "애를 많이 쓰고 있다"고 하셨다. 나도 40살도 채 안 된 어린 나이에 하 목사가 리더가 되느라 애를 많이 쓰는 것을 안타까워하면서 장로님들이 미숙한 젊은 목사를 받아 주시고 키워 주시기로 하신 것에 머리를 숙이고 있었다. 깊이 이해해 주시고 사랑으로 받아 주시고 지켜봐 주시는 것을 감사드리고 있었다. 어떤 때는 장로님들이 하 목사를 너무 사랑해 주시고 동생같이 귀여워해 주시는 것처럼 느꼈다.

한번은 며칠 동안 우울해 하기에 무엇이 괴로우냐고 묻자 아무것도 아니라고 하였다. 나는 즉시 장로님들께 사과드릴 일이 있으면 사과하는 것이 좋겠다고 말했다. 그의 비전들이 조금씩 무리한 제시였으며 의논이 되지 않은 채 성도들에게 선포해 버려지는 것 같은 성급함을 나도 느끼고 있었다. 그가 무슨 비전을 가지고 움직일 때는 엔진 사이즈가 너무 큰 기계처럼 나도 저항할 힘을 잃곤 했었다.

그날 밤 돌아오자마자 그는 말했다. "여보, 내가 오늘 장로님들을 단 위로 모시고 꿇어앉아서 나를 용서해 달라고 하고 빙 둘러서시라고 해서 기도를 받았어." 그는 장로님들 때문에 기가 죽지도 않았었지만 그분들을 많이 사랑하고 절대적으로 의지하고 있다고 느꼈다. 장로님들이 하나같이 그의 기를 살려 주기로 한 것이었다. 하용조 목사의 33년의 목회 기록에는 장로님들의 반대로 중지된 일이 한번도 없었다는 것을 깊이 감사드린다.

어느 부목사님이 말씀하셨다. 자기도 처갓집에서 그런 혜택를 받았다면 목회를 성공할 수 있었을 것이라고 말이다.

어떤 교수님이 말씀하셨다. 검증도 안 된 사람에게 그렇게 비싼 땅에다 그렇게 큰 벽돌집을 마음대로 설계해서 지어 보라고 하는 것은 어린아이에게 총을 쥐어 주는 것이나 다름없다고 염려의 화를 내시는 것을 보았다.

또 어떤 교인은 말씀하셨다. 그렇게 큰 집을 지어 주었으면 관리비는 책임져 주어야 하지 않느냐고 말이다.

나는 이러한 유의 얘기들을 남편에게 옮기지 않았었다. 가뜩이나 건강이 여의치 않고 본인의 능력도 검증되려면 시간이 걸릴 것이었기 때문이었다. 관리비 정도가 아니라 모든 헌금을 관리할 줄 아는 능력이 생기기를 바라면서 오히려 땅값을 갚아 달라고 한 다음 건축비도 갚아 주었으면 좋겠다고 하였다. 그는 그렇게 고마운 혜택을 받았으면 고마운 줄 알아야 한다며 갚겠다고 약속하였다. 예산의 일정한 부분을 떼 내어서 10년 안에 모든 계산을 정산하였다.

그 후 교육관도 신동아 건설에 맡겨서 시공하였다. 나는 언니와 형부께서 자신들의 선교원도 후에 지으신 것이 민망하고 미안하다는 생각에 하 목사가 더 열심히 목회해서 두 분께 기쁨을 드릴 것을 기대하고 있었다.

## 4. 하용조 목사의 적용 능력

원수를 사랑하라고 성경에 써 있다고, 그 자리에서 원수를 사랑해서 죽겠다고 하는 사람을 본 적이 있는가? 마음이 가난한 자가 복이 있다고 성경에 써 있다고 마음을 싹 비워 버리는 자가 몇 명이나 될까? 나는 때로 그를 보며 정말 욕심쟁이라고 느낀 적이 있다. 당연히 못된 사람이 자기를 괴롭히고 있는데 성경에서는 모든 것을 하나님께 맡기라고 해서 괴롭히는 분들의 이름을 적어 성경에다 끼우고 다녔지만, 절대로 한 번 맡긴 후에는 그에 대한 코멘트를 하지 않았다. 다시는 그의 이름을 거론하거나 기도로라도 주님을 괴롭혀 드리지 않았다. 다만 그분들의 번호를 붙일 때 '괴롬 1번, 2번' 등으로 붙이고 노란 카드를 붙였다가 응답이 없으면 빨간 카드로 갈아 붙이는 것 같았다. 나는 그러한 태도가 사람을 무시하는 것 아닌가 하고 회의심이 생기기까지 하였다.

그러나 그런 분들이 하나씩 회개하고 돌아오거나, 죽기도 하고, 해고당하여 떠나기도 하며, 망하기도 하는 것을 보며 두려움을 느끼곤 했다. 땅에서 묶으면 하늘에서 묶이고, 땅에서 풀면 하늘에서도 풀린다는 능력을 믿고 그대로 사는 모습을 보며 많은 것을 느꼈다. 그의 잃고 잃음, 그의 얻고 얻음의 평균치는 제로였고, 도표상으로는 일직선이었다.

그는 어떤 '웬수'든지 마음을 바꾸고 돌아오는 것을 최고의 응답으로 여겼었다. "그리고 아무 말도 하지 않았다."라는 전혜린의 소설 제목을 연상케 하는 맥없는 삶을 살며, 주님의 코멘트만을 기다리는 샐러리맨처럼, 하루하루를 사는 초파리같이, 말없이 걸어가는 모습이 너무도 평화로워서 나도 건드릴 수가 없었다. 그가 소천한 후 그의 성경에는 아직도 그를 괴롭히던 분들의 이름이 끼워져 있었다. 나는 가만 놔두었다. 나도 내가 받아들이기 힘든 이들의 이름을 써서 끼워 놓았다. "하늘나라에 갔으니 직접 해결하시오."

차에 타도 가만히 앉아 있다가 주무시고, 뉴스를 보다가도 자기 먼저 자도 되냐고 물어보시고, 기도해 주시는 분의 기도가 길어져도 좀 지루하다고 조셨다. 그는 실례를 무릅쓰고 솔직했다. 어디 가서 식사를 대접받고 들와서는 배가 고프다고 먹을 것을 같이 먹자고 하여서 저녁에 무엇을 드셨냐고 하면 너무 잠이 와서 그냥 먹었더니 전혀 생각이 나지 않는다고 하시곤 했다. 그분은 왜 그리도 졸려 했을까?

나는 그가 졸린 덕분에 천국 구경을 한 적이 있다. 한 목사님이 계셨는데 그분은 안수 능력의 은사를 강하게 받으신 분이었다. 나는 그분을 보자마자 우리가 머무는 곳으로 초청을 하였다. 그가 하 목사의 발을 붙잡고 기도를 시작하자마자, "컥" 하고 하 목사는 코를 골기 시작했다. 나는 옆에서 꿇어앉아 "아멘, 아멘" 하며 기도를 도왔다. 그런데 너무 크게 코를 고니까 이분이 방해를 받아서 기도를 중단하게 되었다. 나는 너무 민망하여 "저를 위해서 기도를 좀 해 주시면 감사하겠습니다."라고 부탁을 하였다. 그는 피곤하고 지쳤지만 예언과 함께 기도를 쏟아 내셨다. 나라도 졸지 말고 기도로 보답하려고 나는 정신을 차리고 있었다.

한순간 어지러운 듯하더니 내 영혼이 빠져나가 하늘나라에 도착한 듯했다. 나는 하늘나라의 아름다운 삼매경에 빠져 오랫동안 머무르고 싶었지만, 금세 하용조 씨가 깨웠다. "여보, 이제 가자." 짧은 동안이었으나 나는 연한 분홍(Indian pink) 모래로 눌러서(pressed sand) 만든 아름다운 동네를 골목마다 다니다가 옥색의 바다가 잔잔한 곳까지 가 보았다. "주무시려면 주무시지 왜 그냥 깼어요? 나 기도 받고 있는 것 안 보였어요?" 하자 그는 "내가 기도 받고 있었는데 어떻게 된 거지?" 하였다. 아쉬움에 가득 차, '그리고 아무 말도 하지 않았다.'

그는 「생명의 삶」을 읽으면 그날의 적용할 것이 무엇인가 생각하여 시험해 보는 듯했다. 저녁이 되면, "그거 적용 잘 되더라." 혹은 "그거 적용이 잘 안 되던데?" 하곤 했다.

기억력이 하도 화려해서 나는 조심하곤 했다.

하루는 Denis Lane와 June Lane이 한국에 오셨기에 우리 부부는 정성을 다해 대접해 드리고 선물도 사 드렸다. 한 장로님께서 보시고 선교사들을 너무 spoil시키지 말라고 충고해 주셨다. 다음날 아침, "어제, 그 장로님께서 왜 언짢아 하셨어? spoiling하는 게 뭐야?" 하기에 "사람에게 너무 물질적으로 대접하면 버릇이 없어진다는 뜻이에요." 하니까, "Let's spoil them! 우리가 잘 해드리지 않으면 누가 잘해 드리겠나?" 하면서 자신 있게 나가는 모습을 보고 조금 있다가 나는 Denis와 June의 점심을 대접하러 나갔다. 그런데 두 분의 표정이 이상했다. June은 솔직한 성격의 소유자였기에, "Dalleen, 네가 정말 우리를 spoil한다고 생각한다면 여기서 끝내면 좋겠어. 우리는 우리끼리 가서 점심을 해결할게." 하는 것이었다. 나는 당황하여 그게 무슨 말이냐고 물어보았다.

아침에 용조가 오더니, "We are spoiling you!" 하고 갔단다. 나는 기가 막혔다. 또 무슨 표정을 지으며 그런 말을 했기에 그런 분위기를 자아냈을까? 이 사태를 어떻게 해결할 수 있을까 생각하다가 왜 용조가 그런 말을 했는지 전화를 걸어서 물어보자고 하였다. 그는 웃으면서 "영어 연습 좀 해 봤어. 그렇게 말하면 되는 거지?" 하였다. 나는 내 팔자를 원망하며 June을 위로하기 위하여 팔짱을 끼고 동네를 두 바퀴나 돌았다.

하루는 남편이 큰 배려를 해 주셨다. 나에게 핸드백을 하나 사라고 돈을 조금 준 것이다. 나는 좋아서 이태원으로 가서 가짜 루이비통(Louis Vuitton) 백을 하나 구입했다. 저녁에 들어와 백을 보더니 좀 더 좋은 백을 살 줄 알았는데… 어느 권사님의 백을 보고 예뻐서 나도 하나 사라고 돈을 준 것이라며 실망을 하였다. "여보, 이 루이비통을 진품으로 사려면 당신이 준 돈의 열 배가 있어야 돼요. 요즘 여자들이 얼마나 사치를 하는지 아세요?"라며 장에 집어넣고는 매일 쓰던 백을 들고 다녔다. 그런데 어느 날인가 내가 브라운 색의 누빈(padding) 코트를 입고 앉아 있으니까, "여보, 이게 루비똥이야?" 하고 묻는다. 나는 왜 그게 '루비똥'

같으냐고 신기해서 물어보았다. 명품의 이름을 그렇게 비슷하게라도 외운 적이 없었기 때문이다.

"이거 누볐잖아! 누빗똥 아니야?" 나는 기가 막혔다. 그는 웃기려고 하는 농담을 못하는 무능력한 사람이었지만 적용하는 능력과 특출한 기억력으로 나를 웃겨 주곤 했다.

우리는 한때 서로 영어로 말하는 것을 약속하고 만약에 한국말이 나오면 천 원씩 내자고 했다. 처음에는 내가 한국은행의 돈방석에 앉아 있는 것 같았지만 괴상한 영어를 만들어서라도 표현을 할지언정 절대로 한국말을 쓰지 않았다. 어린아이가 "엄마, 이게 뭐야?" 하며 매일 물어보듯이 자꾸 "Dalleen, what is this?(이게 뭐야?)" "How do you say it in English?(이걸 영어로 어떻게 말하지?)." "Or which is your favorite color?(당신은 무슨 색을 제일 좋아하지?)" "How old is she?(그 여자는 나이가 몇이야?)" 등등 계속 질문을 퍼부었다. 나는 신경질이 나서, "몰라, 물어보지 마!" 하면 웃으면서 "Thousand Won, please.(천원 내놔.)" 하며 돈을 뺏어 갔다.

하루는 식당에서 밥을 먹고 있을 때 한 여종업원이 아

직 식사를 다 끝내지도 않은 남편의 접시를 가져가 버렸다. 이럴 때는 영어로 어떻게 말하느냐고 물어보았다. 나는 본인이 한번 생각해서 말해 보라고 하였다. "OK, I will try to speak in English! I am very angry because I am still eating!(그래, 내가 영어로 해 볼게! 나는 아직도 먹고 있어서 화가 났어요!)" 나는 너무 급해서 가르쳐 주었다. 그럴 때는 "I am still working on it!(아직 식사 중입니다!) 이렇게 말하세요."

"working은 뭐고 it는 뭐야?"

"working은 아직도 먹고 있다, it는 음식이 올려져 있는 접시를 뜻해요. 즉 접시 위에 있는 것을 포크와 나이프로 잘라서 찍어서 먹느라고 일을 하고 있다는 뜻이에요." 그는 가르쳐 주어서 고맙다고 당장 천 원을 주고 끝냈다.

"잘난 척하네."

"그게 영어로 뭐지?" 나는 또 천 원을 요구하기가 귀찮아서 대답해 주지 않았다.

그로부터 며칠 후, 양말의 고무줄이 너무 쫄려서 다리에 고무줄 자리가 생겨 아프다고 하였다. 나는 백화점에 가서 고무줄이 거의 들어 있지 않은 양말을 다섯 켤레 사다 주었다.

그랬더니 이번에는 너무 헐렁해서 양말이 흘러내려가서 구두 속으로 기어들어 가면 자기가 손으로 빼서 잡아 당겨야 한다고 말했다.

"조금만 시간을 주면 다시 찾아보겠다."고 했더니 양말 하나를 가지고 무슨 연구를 할 것이 있냐고 본인이 직접 가서 사 오겠다며 길로 나갔다. 위의 말들을 모두 영어로 했다고 생각해 보라. 저절로 신경질이 나서 뛰쳐나갔을 것이다. 나는 무안해서 가만히 앉아 걱정을 하며 기다리고 있었다. 두 시간이 흘렀다. 전화가 와서 화급히 받아 보았더니,

"Dalleen, she is working on me!(저 여자가 나를 건드리고 있어.)"

"Who is working on you?(누가 건드린다구요?)"

" That woman!(저 여자가!)"

"What do you mean? How is she working on you?(무슨 말이에요? 어떻게 건드린다는 말이에요?)"

"E …… Can I speak in Korean for free of charge?

Just one sentence only, please?(공짜로 한국말로 한마디 해도 돼? 딱 한마디만….)"

"좋아, 백 마디라도 해!"

"어떤 여자가 눈을 크게 떴다 작게 떴다 하면서 내 앞으로 갔다가 뒤로 갔다가 하고 있어."

"그러니까 당신을 지금 꼬시고 있다는 거야? 눈이 삔 년이구만."

"Dalleen, she is still working on me again, also!(달린, 저 여자가 또 그러네, 또!)"

"Who is working on you this time?(이번엔 또 누구예요?)" 나는 또 다른 여자가 있는 줄 알았다.

"그… 눈이… 삔……년이…." 그는 정말 당황하는 목소리였다. 내가 그 자리를 떠나 버리면 될 것 아니냐고 하니까 떼어 버릴 수가 없도록 달려든다고 하였다. 나는 화가 나서 그 여자를 데리고 집으로 오면 될 것이 아니냐고 하였다.

그 후 하 목사와는 전화 불통이라는 크나큰 사건이 벌어졌다. 30분 후 초인종이 울렸다. 문을 열어 보니 어떤 멋

쟁이 여자와 같이 현관으로 들어왔다. 그는 땀이 흠뻑 젖어 가지고 나를 원망하는 눈을 뜨고 있었다. 나는 기가 막혀서 픽 웃었다. 자기도 긴장이 풀리는지 픽 픽 픽 웃었다.

안으로 모신 후 차를 대접하며 자초지종을 물어보았다. 그분은 무슨무슨 교회 권사님이신데 하용조 목사님 같으신 분이 양말 가게에서 양말의 결을 불빛에 비쳐 보며 사시기에 자기가 돈을 내 드리려고 하였는데 너무 빨리 계산을 하시고 나가셔서 하도 신기하여 쫓아나가 보았다고 한다. 차라도 태워 드리려고 따라다녔지만 또 어떻게 보면 하 목사님이 아니신 것 같기도 해서 요리조리 살피고 있는데 목사님도 자기를 살짝살짝 보면서 전화를 걸고 무슨 사건이 생긴 것처럼 막 쳐다보더니 당황한 듯이 자기에게 찾아와 악수를 청하면서, "저를 아십니까? 저희 집에 가셔서 저녁을 드시지요." 했다는 것이다.

초대를 이렇게 해 주셔서, 어떻게 하용조 목사님 같은 분이 자기를 알아보시고 이런 황홀한 초대를 해 주시나 따라온 것이 꿈만 같다고 했다. 약간 사이코 아닌가 하는 생각이 들었다. 나는 급히 준비도 안 된 저녁을 경양식으로 만들어 간단히 대접을 하고 보냈다. 그 후 나는 방글방글 웃고 다녔지만 하용조 목사는 그날로 영어로 말하는 것은 그만두었다. "끝내주는 여자구만!" 하며 막 웃었다.

그의 적응 능력은 사람에 대한 관심과 애정에서 비롯되었다. 상대방이 어떤 말을 좋아하며 '왜 그렇게 느끼며 말하나?' 하는 생각을 늘 하고 있어서 그가 좋아하는 감정을 미리 말해 주곤 했는데, 그럴 때마다 나는 사람의 마음과 말을 흉내 내 주는 copy cat같이 느껴지기까지 했었다. 동경에 계신 오공자 사모님과 함께 식사를 하러 가면 반드시 하는 말이 있었다. "여기는 식재료가 좋지요?" 왜냐하면 그분은 식재료가 좋은 곳에 목사님을 모시고 가는 것을 신경 써 주시는 분이셨기 때문이다. 봄마다 벚꽃놀이를 가면, "벚꽃이 여성스럽지요?" 먼저 말씀해 드렸다. 왜냐하면 그분은 벚꽃이 상당히 여성스럽다고 생각하신다는 것을 마음에 새겨 놓았기 때문이었다.

하나님께서는 하용조 목사를 선택해서 연예인들을 섬기

도록 하셨다. 그는 그의 성장 과정에서 배제되었던 적응과 수용의 과정을 통과하고 많은 문화의 모양을 한 개의 다이아몬드에 깎여진 모든 면(facets)들의 다양한 빛과 질감들을 느끼는 것같이, 영롱한 색을 뿜어내는 프리즘을 통과하며 변화되는 훈련을 받았다.

내가 연예인교회의 목사 부인이 되었을 때만 하여도 하용조 목사는 연예인들의 생리가 어떤 것이며 각자의 성격과 조심할 일들을 시간이 있을 때마다 가르쳐 주곤 했다. 그에게 있어서 분명했던 것은 그들에게 엄청난 애정과 희열을 가지고 식지 않는 열의와 관찰로 그들을 섬겼다는 것이다. 나는 그가 하는 일마다 같이 따라다니다가 한 달 만에 얼굴이 동그랗게 부어서 피곤병이 생겼었다.

연예인들은 생각보다 주님께 직통으로 통하는 감정의 통로가 있어서 보통 교인들이 상상할 수도 없는 표현의 기도와 찬양을 드리곤 했다. 나는 한동안 그들에게 매료되어 예배 시간이 오기만을 기다리고 있었다. 그들은 나에게 무슨 이질감을 느꼈는지 친절하지만 의지하지는 않았다. 하기야 내가 30세도 채 안 된 어린 사모였으니 무슨 의논할 것이 있었겠는가? 다만 그들을 맡고 있던 목사가 전혀 다른 곳에서 부인을 택하여 데리고 들어온 것만 하여도 섭섭했을 것이다. 그러나 나이가 드신 분들은 나를 보호해 주시고 예뻐해 주셨다. 연예인 중 하나를 택해서 결혼했다면 교회가 질투로 깨졌을 것이라고 하시면서 하 목사가 총각 때 부처님 가운데 토막처럼 요지부동이었다고 칭찬을 해 주시곤 하셨었다. 아직도 문득 문득 그분들의 안부가 궁금해지곤 한다.

하용조 목사와 결혼 3년으로 접어들었을 때 그는 기도를 하다가는 쉬고 잠이 들곤 했다. 나는 그 옆에 앉아 있기만 해도 교인들의 모든 정보를 들을 수 있을 정도로 그는 모든 교인 한 분 한 분을 위해 큰 소리로 기도했었다. 일주일 내내 철야기도, 특별기도, 새벽기도 등 스케줄의 반이 기도였지만 그래도 부족하다는 불만이 많았다.

연예인들의 기도는 보통 사람들의 기도와 그 양에서 우선 비교가 안 된다. 그들은 하나님께 읊조리고 울고불고 모든 감정의 앙금이 사라질 때까지 기도하며 목사가 옆에 앉아 같이 기도해 주기를 희망했다. 개인교사나 마찬가지로 모든 사적인 생활과 경제적인 애로 상황도 나누며 하나님의 공급하심을 믿고 답을 얻을 때까지 같이 기도하였다. 24시간 철통 근무였다. 언제 어떤 상황이건 달려 나갈 태세였으며, 심지어는 나이트클럽이나 카바레까지도 들어가 기도해 주고 너무 취해 있으면 차에 태워 집에 데려다 주고 오곤 하였다.

나는 한경직 목사님을 만나 뵙고 하 목사가 기도를 중단하고 잠만 잔다는 상담을 했다. 어서 데리고 떠나라고 하시면서 본인이 주일 설교를 맡아 주시겠다고 하셨다. 한국 교회의 어른 되시는 분들이 연예인들이 교회를 만들어 모이는 것을 귀하게 생각해 주셔서 장신대 총장님이신 박창환 교수님도 훗날 도와주셨었다.

병원에 입원해 보니, 간이 부어서 사이즈가 커지고 도저히 피곤해서 몇 년 살기 힘들 정도라는 의사 선생님의 의견을 듣고 우리 부부만의 비밀로 삼고 영국으로 어린 아들을 데리고 떠났다.

그곳에서 하 목사는 마음의 병이 들었었다. 그가 떠날

때 교인들의 동의를 얻어 내서 환송을 받은 것이 아니라 스스로 자퇴서를 내는 모양이 되어서 충분한 굿바이를 못하고 양 떼를 버리고 온 것이 그의 마음에 크나큰 멍이 들게 하였다. 누구 하나 목사님 잘 치료하고 계시냐고 편지 한 장 보내는 사람이 없었다. 그는 외로워서 견디기 힘들어했다. 그는 그들을 위한 중보기도 표를 짜 놓고 기도하였다. 나는 어떤 연예인에게 연락을 하여 하 목사를 한번 위로해 주라고 부탁하고 싶었지만 유도된 친절(manipulation)을 원하지 않을 수도 있다는 생각에 자제하고 있었다. 그는 본인이 아니면 연예인들을 돌볼 사람이 없는 것같이 그들을 걱정하며 안타까워했다.

하루에 보통 15시간 이상 수면을 취했으므로 등록해 놓은 학교에 정규적으로 출석하기가 힘든 상태여서 나는 매일 아침 전화하여 그가 결석한다고 알려 주곤 했다. 나는 어린마음에 잠(complete bed rest)으로 회복하는 방법을 위해서 최선을 다하고 있었다. 당시는 London의 어떤 병원으로 가야 하는지 잘 몰랐고, 영국에서 B형 간염 virus 환자를 취급하는 방법이 너무 환자에게 모욕적이어서 나는 그를 숨겨 놓고 치료해 주기로 결심하고 그가 자는 동안 성석이를 동차(童車)에 태우고 동네 도서관에 가서 의학 공부를 하기 시작했다. 독학으로라도 간염의 증상과 원인, 치료 방법을 파악하는 데는 그다지 긴 시간이 걸리지는 않았다. 그 당시에 컴퓨터와 google.com만 있었다면 얼마나 좋았을까? 맑은 공기와 쾌적한 환경, 스트레스가 없는 생활이 치료제라는 확신이 생겨서 아무 약도 쓰지 않고 주변을 청결하게 해 주면서 그냥 놀자고만 하였다.

로마제국이 성공하기 위해서는 다른 문화권의 좋은 것들을 자유롭게 빌려다가 사용했다는 것이다. 줄리어스 시저가 왜 황제의 대열에도 못 미쳤는데 어떻게 그렇게 영향력이 있었을까? 그는 한 제국을 다스릴 만한 리더십을 싸워서 얻지는 못했지만 영주로서(city-state)의 지위를 십분 발휘한 흔적이 역력하다.

그는 그리스에서 신들의 신화를 들여다가 아테네 스타

일(Athenian- style)의 민주주의를 제도적으로 영입하는 영특함을 보여 주었다. 그것은 그가 인간의 열린 마음으로 자신의 문화와 한계를 극복함으로써 스스로를 높은 곳에 올려놓고 존경하도록 입지를 굳혀 주는 아주 특별한 은사를 가지고 있었기 때문이었다고 생각한다. 이제까지 기록된 역사의 어느 page를 열어 보아도 그렇게 훌륭한 인간미를 보여 준 인물은 드물 것이다.

그는 또한 더 오래된 철강 기술을 북부이태리(the Etruscans) 문화 속에서 발견하고 그러한 기술을 자유롭게 유용하기도 했었는데 그 당시 철의 희귀성과 전쟁 무기의 수요에 적당히 부응하는 지혜를 전 로마 영토에다 선구자적으로 제공해 주었을 것이라는 추측을 하게 한다. 거대한 영토의 자원들을 발굴해서 안방 살림처럼 가재도구로 만들고 인력을 통제해서 일을 시켰다는 것이 바로 보통 사람의 수준이 아닌 것이었다. 사회 계층의 벽과 차별이 뚜렷이 존재하고 있던 사회 제도를 붕괴하고 낮은 지위의 종들에게 양반처럼 시민권을 제공해 주면서까지 충성의 맹세를 끌어낸 것이,

당시 그리스의 시민권 제도보다 한 걸음 앞선 제스처였다.

그 당시의 이러한 영향이 우리 시대에 이르기까지 아직도 접근성의 빌미를 주는 것은 로마의 언어인 라틴어(Latin)를 퍼뜨렸다는 점일 것이다. 이태리어(Italian)의 기초가 되는 것은 물론이고 불란서어(French), 스페인어(Spanish), 포르투갈어(Portuguese), 루마니아어(Romanian), 그리고 라틴어의 근처에도 뿌리를 내리지도 못했던 영어(English)에까지 크나큰 영향을 주고 있다는 점이다. 라틴어의 본격적인 사용이 끝난 현재까지도 전문적인 의학(medicine)이나 과학(science) 분야에서는 아직도 통용어로 사용되는 전문 용어가 수천 개에 이르고 있다. 심각하게 언어나 문학을 공부하는 생도들은 라틴어의 근원이 되는 어미와 어간만 파악해도 단어의 본뜻을 알고 사용하는 자유를 만끽할 수 있을 것이다.

하용조 목사의 문화의 수용이 로마제국의 그것에는 비교도 될 수 없는 양과 질에 불과하다고 하더라도 그의 열린 마음과 필요한 곳에 겁 없이 자유롭게 드나들면서 태클해 보는 마음은 그리스도께서 친히 주신 특권을 받아서 first hand로 사용한 흔적이 있다고 생각해 보았다. 일본을 받아들이고 사랑하기로 한 그의 섬세함과 집중해 주는 마음을 보며, 나는 혼자 생각에 그가 나를 맨 처음 만났을 때, 많이 부족해 보이던 나의 인생도 양딸(adoption)처럼 받아 주기로 했었던 것이 아니었나 하는 생각이 들 정도였다.

그는 느낌이 좋은 사람이었다. 누구를 만나나 그분의 하는 일과 전문성을 발견해서 배우려고 하는 마음이 좋게 느껴졌었다. 나는 그와의 대화에서 속 시원하게 뚫려진 그의 마음의 창을 열어 볼 때마다 희열을 느끼곤 했었다. 아니 전혀 느낄 수 없는 영원한 동면으로 들어간 듯한 그의 나약함 속에서도 나는 언젠가 그가 조금만 회복되면 또 하나의 문화를 받아들일 것이라는 가능성을 존중하고 사랑하고 있었다.

"우리는 중국을 전도해야 합니다. 10억의 인구가 있는 인도도 해야 해요. 아프리카도 물론 갈 거예요. 땅 끝까지 갈 거예요. 우리가 가진 이 정열과 복음의 열정은 누구도 막을 수 없어요!" 나는 이 말을 생각할 때마다 그의 인생이 너무나도 짧았던 것이 아쉽고 가여워서 울곤 한다.

5. 하용조 목사의 성품

때로는 그를 목사라기보다는 남자로 생각하는 성도들과 사람들이 있었다. 나도 그가 나를 사랑하는 남성으로서 대해 보려고 그를 주시해서 본 적이 있다. 그가 의도적으로 애정 결핍을 느끼게 한 적은 없지만, 한 가지에 정신을 팔고 있는 그에게 나는 불평하거나 화를 내지 않으려고 애를 쓰곤 했었다. 그가 한 번 정신을 집중하게 되면 나는 수면 밑으로 다니는 수달의 인생을 떠올리고는 아이들을 돌보고 양가 부모님들께 효도하는 모드로 기어를 바꾸고 있었다.

그가 밖에 나가서 지저분하게 막 다니다가 아무 음식이

나 먹고 무시를 당할까 봐 겁이 났다. 양복도 언제나 세탁소에서 다려다가 준비해 놓고 넥타이와 와이셔츠도 말끔하게 입혀서 내보냈다. 밖에서 식사 시간이 늦어지면 비서실에서 아무 음식이나 적당히 해결하신다는 말씀을 하셔서 되도록이면 식사는 집에 들어와서 해 달라고 부탁하곤 했었다. 아침에 일어나 아이들을 학교에 보내고 나면 으레 수산 시장과 꽃 시장으로 출근하는 생활이 일상의 일이었다. 집에 들어올 때 음식이 익는 냄새나 빵과 과자를 굽는 냄새가 나면 행복하다고 하여서 밤에 들어오더라도 시간을 맞추어 오븐에 음식을 넣곤 했었던 생각이 난다. 들어오는 현관 입구에서 꽃꽂이를 발견하면 입가에 미소가 생기곤 하는 것을 나는 좋아했었다.

그는 classical 음악을 조용히 틀어 놓고 반겨 주면 은근히 좋아하곤 했었다. 비발디의 <사계> 중 '봄'을 틀어 놓으면 "나는 알레그로가 좋아." 슈만의 피아노 콰르텟(quartet)을 들려주면, E 플랫 메이저(E Flat Major)로 음을 잡아서 작곡한 것이 안정적이라고 칭찬을 아끼지 않았다. 차이코프

스키, 비제, 베토벤, 모차르트 등, 명동에 있는 음악 감상실을 드나들며 사랑하게 된 클래식들이라고 추억을 말해 주곤 했다.

때로는 여성들의 사랑을 많이 받기도 했다. 가정과 부부 생활에 문제가 있어서 교회에 찾아오신 분들의 눈으로 보기에는 하용조 목사가 이상적인 남성으로 보였을 수도 있는 것이었다. 그는 부드럽고 신사적이며 그들의 남편들처럼 권위적으로 굴거나 상처를 주는 말을 하지 않고 오히려 위로가 되는 말로 설교하곤 했으니까 말이다. 그가 전하는 하나님을 영접하였으나 그분에게 접근하게 해준 중개자로서 그를 의지하고 인간적으로 사랑하게 되는 경우도 있었다. 그러나 교회 생활에 익숙해지면 곧 정신이 들어서 인간적인 사랑을 포기해 주는 경우가 대부분이었다. 때로는 목사도 인간적인 실수와 허물투성이인 것을 보고 자신들의 기대에 일일이 부응해 주지 못함에 실망하여서 떠나가는 분들도 있었다. "온누리교회는 들어오시는 것도 자유고, 떠나시는 것도 자유입니다"라고 설교 중 알려 주기도 하였었다.

하용조 목사를 남몰래 사랑하다가 도에 지나치는 분들의 남편들이 하 목사가 도대체 어떤 인간이기에 그런지 몰래 구경을 왔다가 자신도 예수를 영접하고 화목한 가정을 이룬 경우도 많았다. 나는 때로 공인인 남편은 내놓고 사랑하면 안 되고 이렇게 서로 노골적으로 나누어 가져야만 하는 것인가 하는 성가심(crowdedness)을 느낀 적이 있었다. 그럴 때마다 주님께 의논해 보면 하 목사의 인격이 문제가 되는 것이 아니라 내가 그를 받아주는 사랑의 포용성을 문제로 보시는 것 같았다.

우리 부부는 대화를 통하여 이러한 사람들의 심리적인 변화(transitions)의 과정들을 얘기해 보곤 했었다. 그는 언제나 나를 설득하기보다는 문제를 던져 주고 내가 자신의 생각을 나누다가 분석을 잘해서 어떤 결론에 도달하여 이해를 해 줄 수 있도록 대화를 이끌었던 것 같다. 언제나 마지막에는 이해를 해 주어서 고맙고 자신도 실수하지 않도록 최선을 다하겠다고 하였다. 그는 설교 중에, "제가 제 아내를 택했을 때는 이 세상의 모든 여자를 포기했다는 뜻입니다."라고 예를 들어 말해 주곤 나를 쳐다보며, "이젠 됐어?"라는 의미의 미소를 보내 주곤 하였다.

우리는 항상 서로가 심리적인 안정을 가질 수 있도록 최선을 다하고 있었던 것 같다. 그가 곁에 있으면 나는 안정제를 하나 먹은 사람처럼 모든 염려가 사라지는 것을 느끼곤 했었다. 그도 그의 인생의 후반기에 나에게 특별한 사랑의 고백과 함께 본인에게 가장 평안한 안정감으로 인생을 살도록 해 준 것이 하나님의 선물이었다고 얘기해 주면서 천국의 생에서도 자기를 만나 마음의 안정을 누리게 도와주는 친구가 되어 주었으면 좋겠다고 부탁했었다. 우리는 누가 천국에 먼저 가든지 천국의 첫 번째 문에서 기다리고 있기로 약속하곤 했었다.

그가 부목사를 뽑을 때 가장 눈여겨보는 점은 무엇이었을까? 그는 비서실에서 뽑아서 보내는 이력서의 내용과 사진들을 뚫어지게 쳐다보았다. 나는 선을 본다면 저렇게 열심히 보겠는가 하면서 물어보았다. "당신이 가장 눈여겨보는 점이 뭐예요?" 하면, "사람이 아무리 학식이 많고 재주가 많아도 성품이 귀여워야 좋아하게 되어 있어." 했다. 그는 심각하게 예수를 믿는 경향을 가진 사람들을 오히려 잘 적응하기 힘들어 했다. 지나치게 거룩한 것도 위선적이고 자연스럽지 못하다고 생각하는 것 같았다.

좀 실수가 있더라도 야단을 맞으면 머리를 긁적이며 변명도 안 하고 "미안해요" 인정하며 싱긋이 웃는 사람을 좋아하는 것 같았다. 성도들과 문제가 생기면 금세 자기가 덕이 없어서 이런 일이 일어났다고 사과를 해야지 끝까지 자신의 생각과 목회 철학이 옳은 것이라고 증명하듯이 야단을 치거나, 지적을 하거나, 고집을 부리는 교역자들은 보호해 주지 않았다.

하지만 실패는 실패로 끝내고 다시 새로운 도전을 해보는 사람들은 응원해 주었다. "사람에게 기대하는 것은 변화가 되는 것이지 귀찮아지게 되는 것이 아니다."라는 말을 이제야 생각해 본다.

인간이 어떻게 살면 밉상이 아니고 귀엽게 보일까? 그

의 사회성이 얼마나 개발되었는가 하는 데서 모든 문제의 해결이 편협해지는 것을 막을 수 있다고 설명해 주곤 했었다. 사람 하나를 잘못 뽑아 놓으면 가장 큰 곤욕이고, 사람 하나를 잘 뽑아 놓으면 천군만마를 얻은 마음이라고 하였다.

그는 자녀교육에 있어서도 타인을 존중하고 시민정신을 배워서 서로 존중하며 사는 삶을 살 수 있도록 인도해 주었다. 아이들의 성적표를 가져와 보라고 하는 일은 없어도 인간관계에서 무난한 관계와 도덕적인 판단을 잘할 수 있는가, 필요한 과정들을 잘 참아 내는가 하는 점검을 자주 하였다. 결국은 우리의 자녀들이 다른 가정의 사람과 결혼하여 조화롭게 사는 것이 최상이라는 생각을 하고 있었던 것 같다.

며느리인 정민이가 맨 처음 우리 집에 왔을 때, 정민이가 예쁘기도 하지만 만사에 떳떳한 사람 같다는 점에서 많은 점수를 주었다. 사위인 홍곤이가 새 식구가 되었을 때에도 공손하며 긍정적인 사람이라고 감사 기도를 드렸다. 그는 자녀들이 많은 문제들이 있음에도 불구하고 한 팀이 되어서 극복할 수 있도록 안정적으로 대하라는 부탁을 나에게 하곤 하였다. 예쁘고 귀여운 사람들로 남아 있게 하자고 얘기하곤 했었다. 결국에는 귀여운 부모들이 자녀에게 부담을 주지 않으며 친구가 된다고 하였을 때 나는 어떻게 하여야 귀여운 부모가 되는지 막연하게 어색해 했었다. 이제 혼자된 내가 어떤 태도로 자식들에게 여생을 사는 모습을 보여 주어야 할 것인가 하는 숙제의 문제를 아직도 답하지 못하고 있다.

## 6. 하용조 목사의 경제관념

가난이라는 것보다 더 큰 교육의 아버지는 없다. 나는 먼저 쓴 글 제2장 '지식과 정보의 공유'에서 어릴 적 가난한 삶을 제공해 주신 시부모님께 감사드린다고 하였다. 그의 경제관념 역시 가난했던 어린 시절 부모님께서 일상의 공급을 위해 기도드리던 것을 보고 배우면서 생겼다고 생각한다.

시부모님께서는 가난한 것을 속상해 하실 시간이 없으실 만큼 다급하게 많은 것을 해결하셨던 것 같다. "나는 돈이 너무 없어서 속이 상해 있을 때 누가 웃으면, '저 사람은 어떻게 웃음이 나올까?' 하며 쳐다보곤 하였다."고 시어머니께서 말씀하시는 것을 들은 적은 있지만, 내가 하 씨 가문에 시집가서 느낀 점은 엄청난 기도로써 하나님의 마음을 움직여서 삶의 필요(supplication)를 공급받고 풍성한 항구에 도착하여 평안한 삶을 누리시다가 가셨다는 것이다.

물론 평안한 삶의 기준이라는 것이 각 개인마다 다르겠지만 그래도 갚을 빚이 없고, 일용할 양식이 있으며 옷이 몇 벌만 있으면 감사하는 정도로 단순한 것이었다.

시어머니께서 주일 예배에 나오실 때 나는 며느리로서 부끄러움을 느낀 적이 많다. 고구마같이 생긴 핸드백에다 신여성들이 입고 다녔을 듯한 미디스커트에 촌스러운 꽃무늬 윗도리로 짝을 맞추셔서 입으신 어머니의 복장이 너무나 촌스러웠기 때문이다. 새 옷이 필요 없다고 하셨지만 더 잘해 드리지 못한 것이 후회스럽다.

어머니께서는 늘 걱정이 있어도 "하 목사가 온누리교회에서 설교하는 것만 보면 마음이 다 풀린다."고 하셨다. 하용조 목사가 후에 자신의 며느리 후보감을 당회실에서 만나서 "너의 시어머니는 남대문 시장의 옷만 입고 사는데 그린 줄 알고 오라."고 하였다는 얘기를 듣고 깜짝 놀랐었다.

하루는 시어머니께서 부르시더니 성석이 등록금으로 쓰라고 적금 통장을 하나 내놓으셨다. 하 목사가 드리라고 해서 매월 드린 용돈을 하나도 쓰지 않으시고 적금을 넣으셨던 것이다. 나는 아들의 학교에 가서 등록금을 내면서 그 돈이 그냥 한 번에 창구로 빨려들어 가는 것을 보며 다시는 어머니께서 저금하시지 못하게 해야 되겠다는 생각을 하였다. 그러나 돌아가신 후 어머니 방에서 적금 통장이 네 개나 더 나왔었다.

그분은 가장 기본적인 돈 이외에는 쓰시지도 지갑을 여시지도 않았다. 그러나 본 교회의 목사님을 물질로 섬기시는 모습은 재벌 같았다. 무엇을 보시나 성산교회 목사님 댁을 먹여 살려야 한다는 신념에 남아나는 물건이 없었다. 그러나 한번은 세계 지도를 쭈욱 찢어서 유럽 대륙을 하 목사에게 주며 "이 땅을 네가 가지라"고 하기도 하셨었다.

아버님이 무슨 돈을 벌어서 부인과 가족에게 준 적이 있는가? 그분은 무일푼으로 성경책 하나를 들고 남한으로 내려와 목포에 사시면서 현재까지 문화재로서 존재하는 일정시대의 적산 가옥을 인계 받으셨다. 집도 크고 예쁘지만 정원을 기가 막히게 예쁘게 가꾸시며 아이들을 교육시키셨다. 당시 성산교회의 장로로서 그만한 집을 가지고 오픈해서 매주, 매일 장로님들과 목사님께 평양냉면과 빈대떡을 대접할 수 있었던 것은 그야말로 하나님의 은혜였다고 생각한다.

나는 신혼 때 시댁에 가면 거의 60도 정도로 가파른 가에당, 즉 이층으로 올라가는 층계를 네 발로 기어 올라가서 앞에 펼쳐진 바다와 섬의 전경을 바라보며 하 목사의 유년기와 청소년기, 청년기를 상상하며 다다미방에 앉아 있곤 했다. 책장에서 그의 노트 중 일기장을 발견하고는 귀여워서 킥킥 웃다가, 그의 첫사랑을 읽어 보고 눈물이 글썽해지기도 했었다. 그는 어린 나이였지만 감성이 풍부하고 문학책에 나오는 백치 아다다와 그의 연인을 혼돈(overlapping)하고 있는 듯했다.

그가 좀 부끄러워하자 나는 "사람의 영혼을 사로잡는 것 같은 상상을 하는 것에는 세금이 없다."고 웃으며 잘했다고 칭찬해 주었다. 그는 그녀의 이름을 말하면서, "그가 지금 어디서 어떻게 살고 있는지 알고 싶다."고 하였다. 그의 눈에는 그리움이 가득하여 그 여자가 나타나기라도 한다면 당장 달려가서 안아 줄 것만 같은 표정이었다. 나는 가만 놔두었다. 언제 어디서든지 솔직하게 자기의 감정을 얘기할 수 있는 대상이 되어 주는 것도, 자기를 이해해 주는 친구를 제공해 주는 한 방법이라는 생각이 들어서였다. 그가 친구들을 만난들 그런 마음의 이야기를 할 수 있었겠는가?

그 후에도 그는 내가 자기 부인이라는 것을 망각한 듯 느끼는 대로 말을 한 적이 몇 번 있어서 그의 머리와 마음의 속내를 감히 훔쳐본 적이 있다. 그는 돈뿐만 아니라 마음의 작은 생각들도 감춰 두고 몰래 꺼내어 보는 경제성이 있었다. 깍쟁이.

그 후에 영국에 있을 때 내가 꿈을 꾸었는데 찰스 황태자와 데이트를 하다가 식사를 하였는데 마치 솔로몬의 아가서를 읽어 주는 듯한 분위기였다고 하자 그는 불같은 질투를 하였다. 프로이드나 융의 꿈에 대한 이론을 말하며 나의 무의식의 세계까지 소유하고 싶어 하는 그에게 나는 귀엽다고 느꼈었다.

그의 분석은 사람이 이성에게 관심이 있고 죄를 짓는 것은 사람의 몸에서 활동하고 있는 호르몬 때문이라고 하였다. 늙어서 호르몬이 다 빠져나가면 바람을 피려야 필 수도 없고 자신을 컨트롤하려고 애를 쓸 필요도 없으며, 그 부분에 있어서는 회개할 필요가 전혀 없어진다고 하였다. 나는 그가 호르몬을 사용하는 데도 경제성이 있으며 사라져 가는 젊음을 포기하지 않고 얇게 펴서 조금씩 사용하려고 귀하게 유지하는 지혜를 하나님께 구하며 살고 있다는 것을 알게 되었다.

그것이 하나님께서 나이 드신 분들이 실수하지 않고 인격을 지키며 점잖게 생을 마칠 수 있도록 배려해 주신 길이라고 말해 주었다. 나는, "Yong Jo, I must be full of hormone, and you must be lack of hormone!(용조, 나는 호르몬이 많이 남아 있는데, 당신은 좀 부족한 거 아니에요?) 아브라함과 사라가 몇 살에 이삭을 낳았더라?" 하며 웃었다. "헤이, 헤이, 당신 나 무시하지 마, 나도 호르몬 많이 남아 있어…. 당신 눈에 안 보일 뿐이지! 하하하하."

아버님과 어머님의 선행이 알려지자 목포시에서 사택 위에 있던 땅을 기증해 주셔서 2숙사와 3숙사를 지으시고 고아원을 지으셨다. 많은 원생들을 자기의 하 씨 호적에 일일이 넣어 주시며 그들의 부모로서 최선을 다하셨다.

새해 아침이 될 때마다 나는 고기 국물을 많이 만들어 떡국을 준비해 놓고, 갈비찜, 생선전, 빈대떡, 잡채 등을 엄청나게 준비했었다. 하 씨 성을 가진 고아들이 성장하여 자식을 낳으면 할머니 할아버지께 세배를 드려야 한다고 우리 집에 데리고 왔기 때문이다. 아버님은 내가 새 돈으로 세뱃돈 봉투를 만들어 준비해 드리는 것을 좋아하셨었다.

우리가 1978년에 결혼했을 때까지도 구호물자로 외국에서 받은 깡통 기름과 프레고 스파게티 소스를 가지고 계셨었다. 유효 기간을 따지자 어머니께서는 진공으로 꽉 닫혀 있던 물건이니 따지지 말고 먹으라고 하셨다. 한 20년이 지난 것 같은 느낌이었지만 깨끗해 보여서 어머님께 순종하는 마음으로 남편과 식구들에게 음식을 만들어 먹였다. 친정어머니가 보시고 기절을 하시려고 하셔서, "엄마, 우리 시댁 일에는 참견하지 말아 주세요."라고 엄하게 말하던 생각이 난다.

지금은 나의 며느리가 유효 기간이 지난 물품을 사용하는 이 시어머니께 원수를 갚고 계시다.

아버님은 원생들이 전염병에 걸리면 어머니와 함께 며칠 밤을 새고 간호하시다가 지쳐서 아이들을 미쳐 못 돌보아 몇 명의 원생들이 죽은 것이 양심에 걸려 정신이상이 생기곤 하셨는데, 나중에는 귀신이 보인다고 하셔서 하 목사가 수차례 아버님 안에 들어간 귀신을 쫓아내곤 하였다.

지금 생각해 보면 '나가사키 러브 소나타'가 끝난 후 하 목사는 회의를 하느라고 이틀 늦게 집으로 돌아왔는데 투석이 늦어져서 혈액 안에 칼슘이 높아지는 현상이 일어났다. 그때 정신이상이 생겨서 혼이 난 적이 있다. 나는 그 당시 회의를 한다고 길게 끌었던 젊은 스태프들을 아직도 용서하기 힘들어한다. 또 "목사님이 고집을 부려서 할 수 없었다."고 핑계를 댈 것인가? 하용조 목사가 그렇게 꺾기 힘든 고집불통의 엄청난 치리를 했던 대원군이라도 됐단 말인가? 혹시 본인들이 원하는 안을 관철시키기 위하여 그를 붙잡고 있었던 것이 아닌가? 충성과 아부의 차이는 어떤 말로도 설명할 수 없는 결과를 가져올 뿐이다. 비서실이 존재하는 이유는 당회장의 스케줄을 정확하게 지켜 주는 일을 하기 위해서 있는 것이라고 생각한다. 그것이 병원과의 약속이라면 생명과 바꾸는 일이 될 수도 있다. 내가 이렇게 강하게 쓰는 이유는 새로 오신 이재훈 목사님은 그렇게 모시지 말라는 뜻이다.

에도가와바시에 있던 개인 병원을 나와 게이오와 동경여자 병원으로 전전하며 그 심한 혼돈과 어두운 세월을 보냈던 것이 그를 몹시 약하게 만들었다. 그가 조금 회복된 후에도 그는 시간과 돈을 많이 쓴 것을 괴로워하였고, 그 인생의 계산을 다시 재조정하여 잃은 시간을 만회해 두려는 노력을 하는 것을 보고 '저 사람은 언제 죽을지 아는 것 아닌가?' 하는 느낌이 들기까지 했다.

그에게 우리에게 맡겨진 일을 다 못하고 죽는다고 할지라도 하나님은 이해해 주실 분이시라고 하였더니 될 수 있으면 자기가 맡은 일의 양은 하고 가는 것이 좋다고 하였다. 질적인 계산도 해 보면 자신을 용서할 수 있지 않겠냐고 위로해 주었다. 그는 인생의 한 부분이 잠시라도 그냥 낭비되는 것을 참지 못해 하는 것 같았다.


시아버님께서는 신안군의 한 작은 섬의 초승달 같은 땅을 흙으로 메우셔서 반달로 만드셨다. 그는 소금물이 들어간 땅에 소금기를 빼고 비옥한 토지로 만들어서 기계농을 하시려고 50만 평을 손으로 개간하셨다. 큰 형님이신 하용삼 목사님께서 숱한 고생을 하셨지만 나중에는 큰 빚을 감당하지 못하게 되어 모두 빼앗기시고 포클레인 운전수도 간이 상하여 죽었다고 한다. 그는 대한민국의 지도에 아주 작은 부분을 바꾸었지만 그에게 돌아온 것은 땅 한 평도 없었다.

나는 친정에서 개발비를 융자를 해달라고 부탁을 하셔서 이런 결과가 온 것에 대하여 미안하게 생각하였다. 차라리 돈이 없었으면 몇 평씩이라도 도지를 주어서 땅을 일구었으면 지금 얼마큼이라도 남았을 것이다. 나는 아버님께 미안하다고 말씀드렸다. 아버님이 괜찮다고 하시던 선한 얼굴 표정이 아직도 잊혀지지 않는다.

당시 하 목사는 그 융자의 이자가 한 달에 얼마냐고 한 번 묻지도 않고 어떤 계획을 가지고 그런 사업을 하시는지 형님과 의논 한마디도 하지 않고 영국으로 떠났다. 그가 차남이었고 아마 그의 건강이 너무 좋지 않아서 그럴 힘이 없었는지도 모른다. 그는 영국에서 집이 망하고 있다는 전화를 받고도 나에게 한마디 부탁도 하지 않았다. 나 혼자 알아서 하라는 뜻이었다면 나도 감당할 수 없는 일이기에 아무에게 아무 부탁도 하지 않았다.

  1988년 어느 가을 우리는 교회에서 허락을 받고 용평으로 떠났다. 내가 먼저 가서 아파트를 하나 얻어 놓았다. 하 목사가 와서 보더니 자기가 쉴 곳은 소나무 숲이 있고 계곡이 있어야 한다는 것이었다. 나는 당황하여 계약을 취소하고 돈을 돌려 달라고 하였다. 위약금을 떼고라도 적지 않은 잔액을 받게 되어 안심하는 마음으로 하 목사를 기다리고 있었다.

  그가 나간 지 세 시간도 안 되어서 집을 하나 찾았다고 하며 돌아왔다. 따라가 보니 소나무가 몇십 그루 되는 새마을 주택이 하나 있고 삼양목장에서 흐르는 계곡이 옆에 있었다.

  그 주인이 간이 나빠져서 급히 집을 내놓고 강릉의 병원에서 치료할 병원비가 필요하다고 하였다. 집이 너무 싸서 그 다음날 살 수 있었다.

  문제는 그 아파트 주인이 다른 사람이 세를 들어왔는데

도 해약한 돈을 돌려줄 생각이 없었다는 것이었다. 나는 금세 지쳤다. 포기하자고 하였더니, 그 사람들이 의도적으로 떼어먹으면 죄를 짓게 놔두는 죄를 범하는 것이니 자기가 가서 받아 오겠다고 하였다.

그는 다음날 아침부터 주인이 일하는 일터로 출근을 하였다. 하루에 십만 원씩이라도 일수 도장을 찍듯이 찍고 받아오기 시작했다. 주말에는 다시 온누리교회로 설교를 하러 갔다가 와서 월요일부터 또 돈을 받으러 다녔다. 몇 달이 지나자 다 받아 냈다. 나중에는 그 주인을 시내에서 만나면 그도 떳떳하게 우리를 반겨 주었었다.

나는 쉬러 와서 그런 종류의 스트레스를 받게 된 것에 못내 힘들어 하였지만 교육이 되기도 했다. 타인의 돈을 탐내서도 안 되며 받을 돈은 반드시 받아내야 한다는 것을 배웠다.

하 목사가 소천하면서 두란노서원에 빚을 남기고 떠나셨다. 나는 평소에 고인이 살던 경제관념을 생각할 때, '그가 얼마나 마음 아팠겠는가? CGNTV의 디지털 방송을 위하여 애를 쓰다가 이렇게 되었으니 말이다.' 하고 한참 울다가 제일 돈을 많이 빌려주신 채무자를 만났다. 그분은 아주 귀하신 장로님이셨다. 나는 그분께 약속하였다. "반드시 빚을 갚겠습니다. 시간을 조금 주시면 이자까지 모두 갚겠습니다." 하고 돌아왔다. 나는 부채의 무게보다 더 큰 지게를 지고 등이 둘로 찢어지는 듯한 고통을 느꼈다. 반년이 거의 지나면서 이 압박이 더욱 심해졌다.

두란노서원을 세워 갈 때 누가 돈을 대주어서 한 것이 아니었다. 연예인교회를 나올 때 선물로 받은 전세금을 빼고 친정으로 들어가서 신세를 지면서 영국으로 떠날 준비를 하고 있을 때 그 돈으로 시작한 두란노서원이었다.

귀국한 후 하나의 법인체를 만들어서 「빛과 소금」이라는 잡지를 만들었다. 그는 잡지 마니아였다. 「뿌리 깊은 나무」, 「사상계」 등 잡지 만드는 사람들을 부러워하고 있었다. 「주부생활」 등 세상의 잡지들이 시사성을 보일 때 우리 크리스천들은 왜 제대로 읽을거리가 있는 잡지가 없는지 힘들어 했다. 책을 만들면 판로가 있어야 하고 배본과 수금이 기술적으로 이루어져야 하지만 그는 모든 것을 혼자 개척해서 나갔다. 서적도 많이 생겼지만 부채도 늘었다.

"하나님 아버지께서 빚을 지면서까지 책을 만들어 달라고 당신에게 부탁했느냐."고 묻자 그는 "이 정도는 내가 알아서 해 드려야 돼!"라며 큰 효자나 된 것처럼 말하였다. 나는 부채가 일억이 된 날 너무나도 가슴이 철렁하여 다음날부터 조용히 출근하기 시작하였다. 모든 부채를 갚은 날은 6개월 후였다. 나는 번역되는 책들의 출판을 막으며 미수금을 받아내는 것에 주력하였지만 그는 내가 집으로 돌아가자마자 모든 밀려 있던 책들을 도미노처럼 출판하기 시작하였다.

이때부터 두란노서원의 규모가 커지고 한때는 노조가 형성되어 하 목사는 수척해지고 마음에 힘든 병을 얻었다. 그는 그가 사랑하던 동지들이, 주님께 헌신하고 삶을 헌신했던 동료들이, 들고 일어나서 노동의 가치를 따지고 대항했다는 것에 상처를 받아 그 아픔을 받아들이기 힘들어 했었다.

그는 교회에서 녹을 먹고 살겠다고 두란노서원에서는 월급을 받지 않았다. 그의 비전은 개인의 생활에 보탬이 되기 위한 것이 아니었다. 그가 돈이 필요하면 교회에게 달라고 신청하면 장로님들이 기쁘게 주셨었다. 그러나 그는 지갑에 한 푼도 넣고 다니지 않고 비서를 두어 모든 기록과 영수증을 챙겨서 연말마다 감사를 받았다.

나도 그가 투명하게 사는 것을 기뻐했으며 그만큼 월급을 받는다면 나라에도 감사하고 자진 신고해서 갑근세도 내라고 용기를 주자 그는 온누리교회의 직원은 종교세가 없는 나라에 살지만 세금을 잘 내어서 나라에도 충성하자고 하여서 세금을 내는 교회가 되었다.

그의 경제관념은 때로 큰 비전을 수반하는 것이었다. 아버님의 힘과 에너지를 그대로 받은 하 목사의 힘은 돌쇠와 같았다. 실패가 찾아와도 그냥 밀고 나가고 반대에 부딪혀도 진행해 나갔다. 천둥 번개가 치고 태풍이 몰려오면 밤이 새도록 문을 못으로 치고 태풍을 막는 노동을 혼자 하는 미국 메인의 한 농부처럼 그는 쉬지 않고 나아갔다. 악천후를 견디다 못해 쓰러지고 열이 끓고 암이 생긴 후에야 무슨 일이 하나씩 결실을 맺었다. 때로는 하나님의 일은 이다지도 힘이 들어야 하는가 하는 한숨이 나오기도 하였다.

아무도 쉬라는 사람이 없었지만 그는 스스로 쓰러지면, "하나님이 내가 하도 쉬지를 않으니까 이렇게 쉬라고 아프게 하셨어." 하며 좋아했다. 그는 잠을 한번 실컷 자 보는 것이 소원이었지만 조금만 자고 일어나곤 했었다. 비행기를 탈 수 있는 스케줄이 있으면 그때 잘 수 있다고 좋아했었다. 그의 사역의 크기로 보면 암이 생긴 것은 그에게 있어서는 너무나 당연한 일로 보인 적도 있었다. 그는 어떤 희생과 바꾸어도 사역이 이루어지는 것을 택하곤 했다.

나는 이 외로운 방에 홀로 앉아 24시간을 자신의 건강에 맞추어 살고 있다. 언제 이렇게 조용하게 살아 본 적이 있었던 것처럼 전혀 생소하지도 않게 말이다.

전화도 받지 않고 소설책을 읽다가는 산보도 나가고, 걷다가 온천이 있으면 물에 들어가 놀다가 해가 지면 들어와서 저녁을 지어먹고 글을 쓴다. 온통 잔소리처럼, 쉼표가 없는 글을 길게 써 놓은 문장을 몇 개의 문장으로 톡톡 자르고 난 후 기도를 드리고는 오시레(두 칸으로 된 이불장) 아래 칸에 꾸며 놓은 침실 속으로 들어가 용조의 영정 사진을 보며 하루를 어떻게 지냈는지 같이 계산해 보곤 한다. 그의 눈초리는 부드럽지만 내가 시간을 낭비한 날에는 따뜻하게 느껴지지 않는다.

아직도 시간의 경제성을 말하고 있는 것인가? 그는 영원한 삶의 시간과 공간을 부여받아서 그 나름대로의 계획을 하고 살고 있는 것일까? 아니면 늘어지게 즐기고 있는 것일까? 아니면 '삶'이라는 말 자체를 다 잊어버리고 하나님과 함께 지존하는 보좌 앞의 천사처럼 그의 이름을 찬양하고 있을까? 그는 무엇을 해도 다 잘하겠지만 아마 회의에 참석하는 것만은 빼 주셨을 것이다.

천국의 규모는 다 파악한 것일까? 나는 기도의 응답이 느려지면 남편에게 암시를 보낸다. "거기서 노는 것 아니에요? 본인 사업에 충성하라우! 이렇게 살다 가는 것이 낭비라고 생각한다면 빨리 초청장을 보내시든지요. 거기서는 예수님 부활하신 날 큰 파티 같은 것 안 하시나요?" 나는 지난 부활절날 주변을 깨끗이 치워 놓고 은근히 초청해 주기를 기다리고 있었다.

부활 주일 며칠 전 나는 혈압이 너무 낮아져서 앰뷸런스로 병원에 실려 갔었다. 의식이 왔다 갔다 하는 동안 나는 아주 침착해지는 것을 느꼈다. 죽음이 오는 것을 기쁘게 맞이할 준비가 되어 있었다.

그 후에 나는 유언장을 열어 한 줄 더 써 넣었다. "엄마가 의식 불명이 되면 병원에 데리고 가지 말고 그냥 베개를 베어서 눕혀 놓고 찬송가를 부르며 하나님께 엄마의 영혼을 맡겨 달라."고 말이다. 이제는 웬만하면 병원 신세를 지지 않고, 있는 곳에서 하늘나라로 가기로 방법을 바꾸었다.

아버지가 엄청나게 병원비를 쓰고 어머니도 엄청나게 병원비를 쓰고 간다면 아이들은 무엇을 먹고 살겠는가 생각해본다.

아이들도 우리 때보다는 똑똑한 경제관념을 구축하기 바란다. "큰 비전의 사람들이 되기를 바란다." 아버님의 유언이었다. 하용조 목사의 추모 영상으로 들어가서, <The fire>라는 DVD를 보면 나온다.

## 7. 하용조 목사의 은사와 손재주들

하 목사의 손은 인간적으로 못생겼었다. 나의 손은 처녀 때의 형태가 없어지고 할머니 손같이 변해 가고 있다. 하 목사의 손은 처음부터 망치 같아 보였다. 나는 그의 손을 잡을 때마다 어떤 연장을 잡고 있는 것처럼 느끼곤 했었다. 그러나 그의 손길이 얼마나 섬세하고 부드러웠는지 나는 그가 소천한 후 그의 손길이 아무 곳에서도 찾아지지 않는 것 때문에 많이 울었다. 마치 젖꼭지를 빼앗긴 아기처럼 거선을 하였다. 나는 그의 손길이 없어진 것에 망연자실하고는 삶의 의미를 상실한 사람처럼, 엄마의 손을 놓쳐 버린

아이처럼 아직도 울고 다닌다. 맑고 하얀 눈물의 샘이 온천이 된 듯 뜨거운 진흙탕처럼 질척거리는데 그의 손길은 도대체 어디로 간 것일까?

며칠 전 구름으로 이불을 폭 싸 놓은 동네의 길을 지나 한 계곡을 바라보았다. 지하의 온천물이 솟구쳐 나와 분수처럼 흐르는 모습을 보며, "여보, 저렇게 수천 년 동안 그런 모습을 보여 주는 물줄기도 있는데… 당신의 손은 왜 그렇게 일찍 사라졌지?"

나는 산속에 아직도 덮여진 하얀 눈을 바라보며 그의 발자욱을 찾고 있다가 사람의 인기척을 듣고는, "여보, 도망가지 마!" 했다. 나는 그의 발자국이 보이지 않아서 울음이 솟구쳤다. 누가 왜 우냐고 물어본다면 뭐라고 하겠는가? 나는 다시 한번 혼자 지내겠다는 결심을 하였다.

그의 언어는 체에 밭혀진 고운 가루처럼, 마치 쟁반에다 놓아둔 은구슬처럼 뭉치기도 하고 혼자서 댕글댕글 구르기도 하며 사람의 마음을 기쁘고 따뜻하게 만들어 주곤 했었다. 그의 목소리가 없는 이곳에서 삭막한 사막에 사는 전갈

같이 차가운 땅을 찾아 누워 버리는 나의 모습이 보기에 좋아서 그렇게 자신의 존재를 없애 버린 것일까? "내가 바로 그의 웬수였나 봐…."

"Dalleen, 세상에서 계속 번복되는 형상 중에 모양이 같아 보이면서도 절대 같지 않은 것을 말해 봐."

"육각형으로 된 눈의 형상들, 인간들의 생김새, 쌀눈의 모양들…." 나는 한 다섯 개를 말하고 나니 더 생각이 나지 않았다. "나는 오늘 또 발견했어. 해변에 부딪혀서 부서지는 파도들과 매일 펼쳐지는 아름다운 노을들이라는 것을, 그리고 어머니같이 따뜻한 당신의 모성애라는 것을 말이야."

나는 방금 이 글을 쓰다 말고 멈추었다. 점심을 먹기 전 동네를 걷다가 왔다. 두부집을 가다가 뒷길로 해서 선물을 파는 집 앞으로 걸어가고 있었다. 비가 멈추지 않는 싸늘한 이곳의 날씨에 짜증이 나서 걷고 있는데 오미야게 아저씨가 문을 열며 들어오라고 손짓을 하였다. 나는 동정심이 발동하여 뭐라도 하나 사 주려고 들어갔다. 앉으라고 하더니 오차를 한 잔 내오신다. 나는 당황하여 생모밀이 있냐고 물어보았다. 온천물로 만든 것이 먹고 싶으냐고 하였다. 나는 집에 사 가지고 가서 먹고 싶은가 물어보는 줄 알고 그렇다고 하였다. 그는 뒷문으로 사라졌다.

오랫동안 기다려도 오지 않아서 그냥 일어나서 나오려고 하는데 그 아저씨가 쟁반에다 생모밀을 삶아 가지고 왔다. 나는 기가 막혀서 여기가 음식점인지 몰랐다고 하니까 막 웃으면서 빨리 먹어 보라고 하였다. 100년 된 간장 소스에 200년 된 배추절임, 와사비와 모밀 끓인 차를 가져왔다. 세상에, 이런 토속적인 음식은 처음 보았다. 이것이 우리 동네의 맛과 인심이구나, O my God, why do you forsake me? 예수께서 십자가상에서, "하나님, 어찌하여 나를 버리시나이까?" 하시던 감정이 생겼다. 모밀의 꼭지만 간장에 찍어서 먹고 헌금을 바치고 나왔지만 그 짠맛에 집에 도착도 하기 전에 혈압과 당뇨가 올라갔다. 이제 어찌하면 좋을까? 다시 나가서 벌을 받으며 걸어야 하겠는가? 내가 여기서 사는 일상의 단면을 보여 드린 것이다.

그의 목소리는 발성법이 동그랗고 예뻤다. 우리가 여행을 하다가 노천극장 같은 곳에 도달하면, "주 하나님 지으신 모든 세계"를 마리오 란자나 된 것처럼 불러 주었었다. 관객이 오로지 나 한 명인데 그렇게 열심히 부르면 어떻게 하냐고 하면 내 뒤로 손을 가리켰다. 길을 걷다가 누가 노래하는 것을 듣고 들어온 관중들이 박수를 쳐 주었다. 인사를 드린 다음, "동그라미 그리려다 무심코 그린 얼굴"을 부르면 관중들이 앙코르를 외쳤다. 잠깐 기다리라고 하고는 차로 가서 줄이 하나 끊어져서 알아서 잡아맨 바이올린을 가지고 와서 배꼽인사를 드리고는, "G선상의 아리아"를 열광적으로 연주해 주었다. 관중들이 동전을 그의 바이올린 통에 던지자 그는 오히려 5불씩 주며, "Thank you for listening to my humble music. Please have an ice cream corn on your way home!(제 부족한 음악을 들어 주셔서 감사합니다. 돌아가시는 길에 아이스크림콘을 사서 드시기를 바랍니다!)" 하며 거리의 광대처럼 굴었다.

세계의 역사상 가장 다양한 교역은 역시 2세기 후반에

일어났던 실크로드(Silk Road)를 통해서 일어났을 것이다. 그동안 바바리안(Barbarian)과 바이킹(Viking)들의 육지와 해상의 싸움들이 무식하고 무모해 보였지만 유럽과 스칸디나비아, 구소련 땅에 이르기까지 대충 국경의 경계를 그려 준 것이었다면, 실크로드는 동쪽에서 서쪽으로 밀려들어 가는 저항할 수 없는 문화적인 사치와 향료, 비단 등의 사용을 가능케 해 준 거대한 물결이었다고 볼 수 있다.

카라반의 원시적인 행렬들이 옛 중국의 만리장성을 지나 지형학적으로 자연히 길이 터진 타지키스탄, 아프가니스탄의 계곡 밑에 있는 좁고 기다란 평야를 정통으로 가로질러 카스피 해 남부로 들어가서 지중해 동부까지 이르렀다. 다 먹고살려고 한 일들이 아니겠는가? 서기 5세기 경에는 상당한 기후 변화가 있었다. 스칸디나비안 사람들은 한때 더워서 벗고 지낸 적도 있지만 빙하기처럼 변화하는 기후 때문에 남쪽으로, 남쪽으로 이동하며 때로는 싸우면서 지역 사람들과 섞이게 되었는데 그 방법에 있어서는 무지

하고 거칠었었다.

물론 이 카라반의 행렬이 백량씩 붙어 다니는 미국 철도 같은 모양들이 아니고, 지역마다 조직된 릴레이(an improvised relay system)식 시장경제를 이루고 영주들에게 세금을 공납해 주는 제도였을 것이다. 모사(wool)와 귀한 철강(precious metals)들이 동쪽으로, 중국의 공단(Chinese Silk)과 사치스런 옷감들이 서쪽으로 교역되면서 6세기쯤에는 콘스탄티노플에 지대한 영향을 미친 후, 서양의 맛(taste of spice)과 유럽의 통치를 굳혀 주어서 세계를 통일하는 길을 터 주었던 것은 사실이다.

나는 문화의 교류가 실질적으로 한 사람의 삶에 정착될 때까지는 너무나도 많은 노력과 재료와 시간이 드려지는 것에 질려 있었다. 내가 32세의 용조를 만났을 때 놀란 것은 그가 그때까지도 가외 공부를 끝내지 않고 가정교사를 두고 무언가를 배우고 있었다는 것이다.

학교 공부도 지겨워하던 내가 신학교에 가서 하나님에

대한 연구를 한다는 것은 마치 바닷가의 작은 모래 한 알을 들여다보는 것 같은 허망함을 느꼈었다. 차라리 New Zealand의 아름다운 자연 속에 숨어 있는 창조의 신비를 발견해 보는 것이 본업이 되었으면 하여서 주말이나 방학 때는 사방으로 여행을 다녔다.

심지어는 마오리족들의 민속춤을 배워서 결혼식과 장례식에는 당연히 초대받는 무희 노릇을 하곤 했었다. 친구들이 "너는 어디를 그렇게 바쁘게 돌아다니냐?"고 하면, "너희들은 알 바가 아니야." 하며 절대 알려 주지도 않았었다. 학점을 잘 받아야 그나마 장학금을 유지할 수 있었지만 그것마저도 포기할 것을 결심하고 자유롭고 한가롭게 시간을 보내고 돌아온 나였다. 그런데 어떻게 전공하지도 않은 과목을 스스로 이수하고 있었는지…. 나는 모든 것을 혼란스러워했다.

헤밍웨이의 「노인과 바다」의 원어가 배울 만하다고 한

국판 번역을 한 페이지씩 영어로 번역하여 원어의 표현과 비교해 보며 자신의 쓰기(writing) 실력을 한 단계 높이는 중이라고 하였다. 그런데 그러한 작업들을 한 권의 책만 하는 것이 아니고 성경을 번역하는 식의 영어 공부도 하고 있었다. 「Time」지나 「Newsweek」지와 같은 시사 영어도 혼자 개발해서 빨간 줄을 치면서 공부하는 것을 보며 '저 사람이 원어민 영어를 할 수 있었으면 고생하지 않고 쉽게 많은 정보를 수집하여 이용할 수도 있었겠다.' 하는 생각을 하며 아쉬운 마음이 들 정도였다. 또한 유명한 문학적인 어귀들을 통째로 외우려고 영국식 영어로 녹음을 해 놓은 테이프도 보고 그렇게 시간을 쪼개서 사는 그에게 결혼하면 시간을 내어 틈틈이 쉬려는 나의 못된 버릇이 들켜질 것 같은 두려움이 생기곤 했었다.

특별히 음악적인 관심이 지극해서 공간에 떠다니는 수많은 가능성의 음들을 연결하여 구슬을 꿰어 놓고 음의 질감이 맞는 것끼리 모아 놓아두는 기교를 부리고 있는 것을 보았다. 그는 청음이 정교해서 한 번 들으면 흉내를 내는 특별한 자폐아처럼 다음날 만나도 그대로 음을 기억해 두었다가 휘파람으로 흥얼대는 모습에 신기하고 신선한 아침의 모닝 빵을 먹는 기분으로 앉아 있곤 하였다.

어떤 때는 막 까불면서 가라오케 방에 간 것처럼 연예인들의 대중가요를 부르다가는 "실례하겠습니다요." 하며, "번스타인으로 해 드릴까요, 폰 카라얀으로 해 드릴까요?" 하며 지휘를 흉내 내면서 전곡을 1악장부터 4악장까지 입으로 다 불렀다. 관중이 없는 음악회를 하도 많이 듣고는 나는 졸음이 오는 척하고 앉아 있었다.

그는 오케스트라의 파트별로 집중하며 지휘를 할 때 아주 세밀하고 미세한 부분까지 놓치지 않으려고 온갖 인상을 다 쓰며 열광적으로 지휘봉을 휘두르다 모자라면 발까지 사용하였다. 혹시 정신이 조금 나간 사람이 아닌가 하여 나 나름대로의 테스트를 해 보려고 하면 "나를 시험해 보지 마" 하여서 깜짝깜짝 놀랐었다. 혹시 얼굴이 고무로 만들어진 것이 아닌가 하여 뺨도 주물러 보고 코도 비틀어 보았다. 아무튼 짐 캐리만은 못해도 감당할 수 없는 표정의 소유자였던 것은 분명하다.

본인이 실수를 하여 한 소절을 빼 먹으면 "이상한데?" 하며, "No, no, no. 딱, 딱, 딱, 거기! 연습을 해 왔어야지!" 하며 야단까지 치고는 "너희들 같은 바보들에게 연주를 시키는 내가 바보지?" 하며 다시 시작하곤 하였다. 나는 옆에 앉아 있다가, "선생님, 죄송해요. 내일은 연습 잘해 올게요. 오늘은 고만하면 좋겠어요." 하면, "아직 안 끝났어!" 하며 "3악장, A Minor로 슬프게…, 정신 차리고!!!!" 나는 완주를 하는 사람을 만난 것이 지루했지만 참아야 했다.

나는 성석이가 눈이 나쁜 것을 초등학교 3학년 때에야 발견했는데 그 아이가 얼굴을 찡그리고 사물을 보는 것을 '아빠 닮아서 인상파구나.' 하며 무심하게 있다가 나중에 안경을 맞추어 주는 소동을 벌였었다. 나는 아이들이 아빠의 이상한 점을 배울까 봐 음악을 잘 틀지도 않고 바이올린을 켤 수 있다는 정보를 주지도 않았었다. 아이들 앞에서는 좀 점잖게 행동해 달라고 부탁하면 픽 웃으면서 "또 겁을 내시는구만!" 하면서 언젠가 하용조 독주회를 온누리교회 본당에서 하고 아이들을 초청하여야겠다고 하면서, "당신 같은 엄마 처음 봤어! 남들은 다 가르치고 싶어 하는데…." 하며 안타까워하곤 했다. 내가 확실하게 아이들에게 가르쳐 놓은 것이 있다면 둘 다 모두 점잖다는 것뿐이다.

그가 나에게 써 준 첫 번째 연애편지는 화선지에 서예로 써서 족자처럼 돌돌 말아 손에 쥐어 준 중국말이었다. 나는 사랑할 '愛'(애) 자 하나를 빼고는 전혀 해석할 수가 없어서 친정아버지께 좀 읽어 봐 달라고 부탁을 하였다. 아버지께서 막 웃으시며 읽어 보시더니, "너, 얘랑 결혼하면 고생 수태로 하겠다. 일단 그냥 접어라. 필체는 아주 훌륭한데 내용이 너무 난해해. 사랑이란 게 복잡한 게 아니거든…. 정말 걱정이 돼서 그래. 이런 황당하고 한심한 놈이 다 있나!" 아버지는 해석해 주지도 않으셨다.

나는 다음날 그를 만나자마자 아버지의 흉내를 그대로

내어 주었다. 하용조 씨는 막 웃으면서, "그런 장난의 편지를 장인어른께서 읽어 보셨으니 좀 민망하구만!" 하며 그 뜻을 해석해 주었는데 지금 정확하게 기억하기는 좀 어렵고 대강 기억해 보자면,

'너무나 이형기를 사랑하는 나머지
차라리 한 조각의 타다 남은 나무 조각이 되었다.
비를 맞아 불씨가 모두 사라지기 전에
사랑의 불씨가 꺼지지 않는
아름답고 시원한 바람이 부는 곳
높은 별이 빛나는 광야로 데려다가
평상 위의 화롯불에 눕혀 놓고,
재가 될 때까지 태워 주면서
자기의 사랑이 다 연소 되는 모습을 지켜봐 달라.'

는 그런 비슷한 내용이었다. 지난 5월 말일에 그를 화장하여 재가 되어 나올 때 나는 그의 편지를 생각하고 있었다.

'여보, 나 당신이 해 달라는 대로 다 해 드렸어요.'

　어디서 한문과 서예를 배웠냐고 하니까 당시 어느 유명한 서예 선생님을 만나서 수년에 걸쳐서 네 가지 필체를 배우는 수제자가 되었다고 하였다. 나는 최근 그가 20대 때에 써 놓았던 일기책들을 발견하고 그의 필체가 여자처럼 얌전하기만 했고 한문은 정확하게 썼지만 아무 획도 특징도 없는 것에 놀랐었다. 그는 서예를 배운 후 하용조 특유의 필체를 만들어서 자유롭고 간소하게 획을 긋고 살았다는 것을 느꼈다. 나는 그 일기를 지금 공개할 계획은 없다. 이제 제4권의 책 「쿠사츠의 겨울」 편에서 그의 영성의 여로를 생각해 볼 때 그 자료를 인용해야 하기 때문이다.

　우리가 용평에 살러 간 것은 그의 간이 C형 간염 바이러스에도 노출된 것을 발견하게 되었기 때문이었다. 나는 그가 젊은 나이에 그렇게 많은 병을 가지고 그렇게나 많은 책임을 지고 있는 것이 가여워서 사퇴하고 쉴 것을 얘기해 보았지만, 이미 온누리교회를 생명보다 사랑하는 남편에게 도중하차라는 것이 상처일 뿐이라는 것을 깨닫고는 쉼이라도 주고 싶어서 용평이라는 마을에 가기를 원했었다. 아이들에게 기억나게 해 줄 추억이라도 만들어 주어서 훗날 아이들이 아빠의 사랑을 알게 하고 싶어서였다. 그는 내 제안에 수락하는 것이 거의 순교와 순직의 의미를 담고 있는 것처럼 힘들어했다.

나는 한번 화를 내고 싸워서라도 이겨 볼까 하는 생각을 하였지만 주님께서 지혜를 주셨다. 그날 저녁에 그가 들어오자 우리가 용평에 가서 먹을 돌솥밥과 산채 나물을 대접하면서 바비큐 숯불구이로 고기를 구워서 들어보시라고 한 후 그동안 모아 두었던 새 넥타이들을 꺼내서 보여 주었다. "당신이 이제 건강해져서 설교도 잘하고 훌륭한 리더가 되면 매 드리려고 감추어 놓았던 것들이에요. 언젠가 이 넥타이들을 당신이 매고 단에 서서 설교를 하면 교인들이 좋아하실 것 같아서요. 하나님도, 과연 우리 하용조 목사다 하실 거예요." 나는 아기를 달래어 데리고 가는 것같이 가족들과 함께 용평으로 떠났다.

그곳에 도착하여 성석이를 삼양목장과 한일목장의 분교로 넣고, 성지를 동네에 있는 유아원에 집어넣었다. 아이들의 하교 시간만을 기다리다가 들로 산으로 데리고 다니며 놀았다.

그즈음 교회의 리더십들 가운데 오해가 생기고 문제가 생겼다. 한번 기도하러 방에 들어가면 나오지를 않고 기도하며 생각을 깊이 하느라고 식사 시간도 지키려고 하지 않자 나는 화가 났다. 사실도 아니고 오해를 한 것뿐인데 왜 신경을 그렇게 써야 하는지 이해하기 힘들었다. 두 달이 지나자 체중이 10킬로그램이나 빠지고 얼굴이 반쪽이 되었다. 병원에 가 보니 간경화가 많이 진행되어 간암이 생길 가능성이 높다고 했다. 나는 그가 연예인교회를 그만두고 영국에 갔었을 때처럼 잠으로 버티게 하고 아이들은 나 혼자 기를까 하는 생각이 들어서 하나님께 지혜를 구했다. 응답이 왔다. 외국에 데리고 가지 않아도 행복감을 주면 엔도르핀이 나와서 병을 이길 수도 있다는 것이었다.

'그가 좋아할 만한 것이 무엇일까?' 그때 주님께서 그의 손재주를 생각나게 해 주셨다. 다음날 오후 목공소로 가 보자고 하여서 망치와 톱 등 연장을 선물해 드리니까 기쁨이 충만해지는 것 같았다.

"여보, 당신이 결혼 선물로 만들어 준 소나무 벤치가 열 개만 있었으면 얼마나 기쁠까?" 나는 슬그머니 졸라 보았다. 그날부터 그는 연장을 사들이기 시작하였다. 나는 너무 기뻐서 아주 예쁜 스위스식의 창고를 연습으로 먼저 짓자고 하여서 연장들을 주욱 걸어서 깨끗이 정리해 드렸다.

나무들을 서울에서 주문하여 운반해 오면 쓱쓱 잘라서 토막을 내어 너무 짧게 잘라서 쓸모없게 만들어 놓고는 배를 쥐고 웃곤 했다. 엔도르핀이 도는 것 같았다. 당시로는 거금이었지만 40대 남자의 장난감으로 치고 자꾸 주문하여 배달을 해 주었다. 돌솥밥에 산나물을 먹고 있노라면 트럭 소리가 멀리서 들렸다. 시골 사람처럼 바지를 걷어붙이고 뛰어나가 받아 놓는 웃음 가득한 얼굴이 익살스러웠다.

 한 달이 지나자 벤치가 여러 개 태어났다. 제법 예쁜데 썩지 않는 스테인까지 칠하여 정감이 넘쳤다. 나중에는 못 자국이 전혀 보이지 않고 사방에 각이 없이 동그랗게 굴린 예술적이고 얌전한 벤치만을 만들어 냈다. 나는 "당신이 최고로 멋진 남자"라고 칭찬해 주었고 그는 좋아서 코를 벌렁벌렁 벌렁거렸다.
 취미 생활의 행복감은 거기서 끝나지 않았다. 그의 창조감이 하나님의 천지창조에서 물려받은 것으로 간주하게 되어서 한번 마음껏 잘해 보라고 용기를 주었다. 그는 새마을 주택의 지붕을 부수고 이층을 지어 보겠다고 하였다. 나는 그의 건강만 회복될 수 있다면 무엇이든지 해 보기를 원했다. 얼마를 예산하면 되겠냐고 하니까 한 3천만 원 정도 들 것 같은데 부담이 되냐고 물어보았다. 나는 은행에서 꾸어서라도 대어 줄 생각으로 괜찮다고 하여 주었다.
 지반의 상태를 공부해 보더니 물이 잘 새어 드는 지반이라고 했다. 그것이 그를 걱정하게 하는 줄로 생각하고 있었는데 어느 날 아침 포클레인 한 대가 쳐들어왔다. 나는 너무 놀라서 왜 불렀냐고 물어보았더니 옆으로 지하실을 파서 예쁘게 짓는 동시에 물길을 잡아서 개울로 나가게 한 다음 이층을 올릴 생각이라고 하였다. 그런데 다행히도 지하에는 흙으로 된 지반은 거의 없었고 자갈돌들로 이루어져서 물이 잘 빠지고 있었다.

그는 목재를 사러 다니기 시작하였다. 그의 바이올린처럼 깡마르고 10센티미터 이상 되는 넓은 나무 판때기를 수백 장이나 사 들여왔다. 그는 내장을 통나무집같이 지을 생각을 하였다.

나는 그가 아무 기술도 없는데 실수라도 하면 엔도르핀이 나오다가 근심으로 끝날까 봐 겁이 났다. 일정 시대 때부터 어린나이에 목수가 되어 훈련이 된 한 목수 할아버지를 좀 비싸게 고용하고 조수같이 데리고 가르치면서 지하실을 완성해 주시면 숙식을 제공해 드리고 임부들도 필요하면 대어 주겠다고 약속을 한 후 삼촌같이 잘 모셔 드렸다.

그분의 단련된 솜씨는 남편을 훈련하기에 만족할 만한 것이었다. 성석이까지 슬금슬금 배우는 것 같았다.

하 목사는 연필을 귓등에 끼워 놓았다가 침을 발라 줄을 긋는 것까지 배우는 듯했다. 새까만 다림줄을 아무데나 튕기고 다녀서 주책 떨지 말라고 혼이 나곤 했다. 나무 조각 하나를 함부로 버려도 불벼락을 맞았다. 지하실이 흑갈색 나무로 아름답게 지어지고 뒤로는 화장실과 샤워실이 예쁘게 만들어지는 것을 보며 나는 하나님께 다시 한번 감사를 드렸다. 진정한 행복은 완성도(finishing touch)에서 찾을 수 있다는 것을 배우고 느끼는 것 같았다.

"당신은 나무 다루는 것을 이번에 마스터했어요. 이제는 할아버지를 보내고 2층을 임부들만 데리고 한번 지어 보세요." 하자, 그는 다시 한번 코를 벌렁이며 생각해 보더니, "현재까지 공부한 공법으로는 큰 창문의 하중을 감당할 자신이 없어서 목수를 끝까지 보내 드리고 싶지 않아." 하였다.

"솔직하게 인정하는 것은 좋은 데 예산이 조금 더 초과할 것 같은데요."라고 하자 이번에는 남편이 나를 달랬다.

만일 허락해 준다면 못을 전혀 쓰지 않고 만든 팔각정을 하나 마당에 지어서 이형기에게 바칠 것이며, 예수님이 사용하시던 마가의 다락방에서 13명이 앉을 수 있었던 최후의 만찬 테이블을 선물로 만들어 줄 수도 있다고 하였다. 나는 할아버지의 도움이 없이 혼자 만들어 달라고 하면서도 무리하는 것 같으면 다시 부탁할 생각이었다. 하 목사는 좋다고 하면서 꼭 약속을 지키겠다고 손가락을 걸어 주었다.

30평짜리 작은 새마을 주택이 오른쪽으로 옆에 붙은 반지하실을 합치고 왼쪽에 새로 붙여 지은 계단까지 치면 90평이 넘는 집이 되었다. 큰 창문을 3면으로 두르고 벽난로까지나 갖춘 큰 방에 온돌과 타일을 깔았다. 삼면 아래로 툇마루를 만들어 그 밑으로는 수납할 서랍을 주욱 달았다. 하 목사의 솜씨가 하루가 다르게 달라졌다. 성석이와 성지도 뛸 듯이 기뻐서 "아빠가 지은 집"이라고 자랑스러워하였다.

천장에 무거운 빔을 엮어서 지었는데도 안전해 보였다. 나도 기뻐서 천장에 달 큰 등을 선물해 주고 나무와 타일의

숫자를 계산해서 주문도 해 주었다.

　지붕에 올라가서 쭈그리고 앉아 아스팔트 싱글을 붙이느라고 발에 쥐가 나서 못 내려오고 잠시 누웠다가 내려온다고 하여서 말리느라고 혼이 났다. 툇마루의 쿠션도 도착하자 멋있게 장식해 주었다. 병원에 가 보니 간경화도 더 이상 진전되지 않아서 의사 선생님도 기뻐해 주셨다. 신비롭게도 B형 간염의 항체가 생성되었다고 하였다. 그것은 인터페론 치료의 효과라는 것이 증명된 결과로 생각된다. 당시 용감하게 결정해서 시술해 주셨던 선생님께 진정한 감사를 제대로 드리지도 못했다는 이야기를 수백 번은 한 것 같다.

　우리는 교회로 돌아온 후 그 장소를 단기 선교 훈련원으로 내어 주었었다. 그런데 어느 날 다시 가 보니 소나무들만 서 있고 모두 부셔서 땅의 정지 작업을 해 놓은 상태였다. 지키는 사람이 없다 보니까 지역의 젊은이들이 망가뜨려서 더럽게 되었다고 한다. 나는 하 목사가 그렇게도 심혈을 기울여서 만들어 주었던 최후의 만찬 테이블과 팔각정

만은 찾고 싶었지만 온데간데없어진 것을 아쉬워하고 있다. 어떤 중요한 결정에서도 배제되고 알려 주어 지지 않고 살아지던 수동적인 삶의 긴 세월이 나에게도 있었다.

그때까지만 해도 나는 그 집 때문에 몰래 지은 빚을 조금씩 갚느라고 통역도 하고, 신학생들이 논문을 잘 써서 졸업할 수 있도록 가정교사도 하며 아르바이트를 하고 있었지만, 하 목사가 아이들에게 해 줄 수 있었던 사랑을 생각하면 돈으로 계산할 수 없는 사랑의 표현이었던 것에 속으로 감사하고 있었다.

나는 하 목사만 건강해진다면 무엇이나 사서 드리거나 먹이고는 의사 선생님이 장로로 계시는 온누리교회에 말을 못하고 빚을 세 번이나 지었다가 갚아 드렸다. 하지만 그는 그 사실을 모르시고 천국으로 떠나가셨다. 외국의 병원에 갈 때면 나는 개인적으로 그를 잘해 주고는 선교사님과 CGNTV를 기준으로 사는 그에게 의논하지 못하곤 했었다. 다행히 지금은 하나님의 도우심으로 개인적인 빚이 없다.

그는 짜장면을 좋아했었다. 음식 솜씨가 좋아서 면을 한 번 삶고 얼음물을 부어 다시 한번 끓여서 얼음을 넣고 깨끗이 씻은 후에 뜨겁게 만들어야 면이 쫄깃쫄깃하다는 것을 강조하곤 했었다. 깨끗이 피를 투석하고 집으로 오시는 길에 비서와 함께 짜장면 잘하는 곳에 찾아가서 한 그릇씩 드셨다고 한다. 누가 그러는데, "사모님 안 계실 때 빨리 드세요." 하면 후딱 드시곤 했단다. 그렇게 하면 네 시간 동안 투석한 효과가 없어진다. 누구든지 내가 모르는 사이에 질서를 깨시도록 권하셨던 분들은 자신의 생명에서 1분씩 벌점으로 내놓으시기를 기도해 드리겠습니다. 아마 습관적으로 그러신 분들은 한 10분 먼저 가시도록 준비하시기 바랍니다. 그런 음식을 자꾸 드시게 하면 혈관이 어떻게 되는 것은 아시는지요?

어떤 환자들은 식욕이 전혀 없는 것이 문제이다. 그러나 하용조 목사가 그나마 버틸 수 있었던 것은 음식을 맛있게 드실 수 있는 식욕을 가지고 있었다는 것이다. 그가 가리는 음식은 거의 없었고 맛있는 음식은 국경을 넘어 해양에까지 이르렀다.

  하루는 몸무게가 늘어서 빼기 힘들다고 하자, "당신은 목사 박봉에 그렇게 먹여서 통통하게 해 놓는 것이 쉬운 줄 알아?" 하였다. 때로는 너무 얼굴과 손발이 부어 있어서 성도들이 안타까워하신 적도 있었지만, 투석으로 체중을 조절하고 있었기에 거의 언제나 날씬했다. 그러나 너무 살이 빠져서 힘이 없어지고 뼈가 아파지자 내가 살이 찐 것을 부러워하였다. 의자에 앉으면 살이 없어서 아프다고 하면서 바지가 꼭 끼도록 엉덩이가 큰 사람이 부럽다고 하였다.

  나는 그가 소천하기 며칠 전까지도 밤마다 엄청난 노동을 하고 있었다는 것을 잘 모르고 지냈다. 그의 성격은 집의 모든 불을 다 껐는지 점검하고 문과 창문을 잠가야 잠이 드는 것이었다. 문단속이 너무 완고해서 나는 무시하고 살고 있었다. 그런데 돌아가시기 2주 전부터는 나더러 모든 점검을 하라고 밤마다 소파에 앉아서 눈으로 요기 저기를 바라보면 내가 뛰어다니며 문단속을 해야 했다. 나는 마루가 미끄러워서 실내화를 신고 부지런히 하려고 애를 썼지만 그 신발 끄는 소리를 견디지 못해 하시는 듯한 표정을 지었다. 나는 그가 잠이 드실 때까지 기다려 주다가 샤워를 하고 좀더 쉬다가 자기 전의 할 일들을 마치고 자야 하는 것을 힘이 든다고 느꼈었다. 지금 생각해 보면 그는 끝까지 가장으로서의 자신의 본분을 지키고 말없이 최선을 다하다가 가셨다는 생각을 해 본다.

그가 간 후 나는 작은 공간에서 살지만 밤마다 그가 평생 해 주던 문단속을 혼자 하며 지내고 있다. 사뿐사뿐 고양이 걸음으로 조용하게 점검하고 돌아와 앉아 차를 한 잔 마시며 한 날의 시간을 점검해 보고 잠자리에 들고 있다. 그가 늘 그랬던 것처럼…. 다음날 아침 책상을 써야 하므로 책상 위를 말끔하게 치우고 주무시던 부분까지는 습득을 못한 듯 다음날 아침 책상에 그득히 쌓인 물건들이 성가셔서 큰 서랍에 담아 닫아 놓았다가 오후쯤에 회개를 하며 제자리에 주워다 놓고 있다.

하루는 성지가 방을 어지르는 것에 나는 신경이 곤두섰다. "여보, 내일 아침까지도 방이 더러우면 내가 혼내 줄 거야." 하자, "요새 아이들 다 그래." 하였다. 아침에 일어나 외출을 하려다 현관 옆에 붙어 있는 성지 방문이 열려져 있는 것이 이상해서 살짝 보니까 침대가 호텔 수준으로 정리되어 있었다. 나는 기적이 일어난 것처럼 흡족하여 하마터면 남편을 불러다가 보여 줄 뻔하였다. 신발을 신는데 성지 방문 뒤에서 부스럭거리는 소리가 났다. 누군가 하고 들여다보니 바로 바로 하용조 목사님이셨다. 새벽기도가 끝나자마자 집으로 돌아와 한동대로 떠나고 비어 있던 성지의 방을 깨끗이 치우고는 문 뒤에 숨어서 내복들을 개켜서 정리해 주고 있다가 나에게 들키자 놀란 것이다. "왜 아이를 버릇없어지게 spoil시켜요?" 하자 "나는 집 안에서 큰 소리가 나는 것을 싫어하거든…." 하셨다. 바보같이….

주변을 말끔하게 정리 정돈할 수 있는 것도 능력일 것이다. 그 바쁜 와중에도 모든 것의 위치와 수납공간의 컨트롤을 하고 산다는 것이 결국은 성공의 비결 중에 하나라고 생각한다. 나처럼 요란을 떨지도, 싹싹 털고 닦지도, 기억이 안 난다고 난리 법석을 떨지도 않았지만 그의 마음과 주변은 여유롭고 간결하게 비쳐지고 있어서 따듯한 햇볕에 앉아 있는 고양이처럼 평안과 쉼을 제공해 주는 재주꾼이었다고 생각해 본다.

8. 그의 친구들

"나는 당신만 옆에 있으면 아무 친구가 필요 없어." 늘 하는 말이었다. "우리 둘이 싸우지도 않고 잘 살잖아." 그는 언제나 평화롭고 안정된 분위기에서만 일을 하곤 했다. 우리 둘은 서로의 존재가 만족스러워서 또 다른 필요를 느끼지 못하고 있었던 것 같다. 언젠가 June Lane 사모님께서 내게 물으셨다. "달린, 네가 제일 친한 친구가 누구니?" 나는 아무도 없으며 용조만 있으면 더 이상 친구가 필요하지 않다고 하였다. 오랜 시간 동안 나를 관찰해 보시더니 화가 나신 듯, "그럼 그렇게 알겠다."고 해 주셨다. 용조도 그렇게 생각하느냐고 물어보셨다. 물론 그럴 거라고 하자, 화를 내셨다. 남자는 사회적 동물인데 그렇게 부부의 관계로만 가두어 놓으면 밴댕이 속과 같은 인간이 된다고 하였다. 목회 중의 어려움이나 외로움을 나눌 수 있는 친구를 빨리 구해 주라고 하면서 남서울교회를 담임하시던 홍정길 목사님과 가깝게 지내 보라고 권유를 하시고 떠나셨다.

나는 용조가 그렇게 자신의 문제를 친구들에게 심각하게 마음을 열어서 나눌 수 있다고 생각하지 않았다. 왜냐하면 그가 기도할 때마다 아주 자세하게 자신이 느끼는 상황과 심정을 토로하고는 사람들과는 더 이상 의논해 보지 않고 하나님께만 모든 것을 맡기는 모습을 보며 사람들을 믿거나 의지할 수 있는 대상으로 여기지 않는 것을 기정사실로 받아들이고 있었기 때문이었다.

그 후 홍정길 목사님과 친하게 지내자고 하니까, "여보, 나 벌써 그분과는 아주 친해. 걱정하지 마, 내 형님이나 마찬가지로 아주 가까운 분이셔." 하면서 그분의 도움으로 주님께 헌신하게 되었다는 얘기를 해 주었다. 그 후 하용조 씨는 홍 목사님과 우연히 연락이 되어 식사를 하고 들어와서는 유난히도 기뻐하였다. 다시 연결된 형님을 이제는 자주 만나 뵈야겠다고 하였다. 나도 기뻐서 두 분이 의논하셔서 몇 분 더 친구의 서클을 만들면 어떻겠냐고 했더니 좋아했었다. 새로 나가서 사귈 필요가 없이 이동원 목사님과 옥한흠 목사님을 모시겠다고 하였다. 나도 호감이 있는 분들이라고 좋아해 주었다. 어려움을 의논할 줄 모르는 성격이라도 서로 정을 느끼며 재미롭게 만나서 친구들의 하는 일을 축복해 드리고 존중해 드릴 수만 있다면 다양한 일들이 이루어지는 것을 같이 경험하게 될 수 있을 테니까 말이다.

친구가 있으니까 든든하다는 것을 많이 느낀 후 하 목사는 성석이와 성지가 본인의 건강 때문에 학교를 많이 옮겨 다니는 바람에 동창생이 없는 것을 안타까워하기 시작했다.

"그럼 나는 누구와 친구를 할까?"라고 묻자, "에…. 당신은 그냥 내 옆에만 있으면 안 돼? 난 당신이 밖에서 친구와 다니는 것은 좀 성가신데." 하였다. 나는 놀랐다. 나도 친하게 생각하던 친구들이 몇 명 있었다. 그러나 그가 원하는 대로 못해 줄 것은 없었다. 나는 내가 친구와 교제를 해야 되는 사회적인 동물이라기보다는 남편의 건강과 목회 활동을 도와주는 데 집중을 해 주기에도 부족하다는 생각을 하고 있었다. 실제로 성석이 숙제를 챙겨 주는 일도 절절매고 있는 중이었다.

며칠 후 남편은 세 분의 친구 분들을 만나고 돌아와서 무척 행복해 하였다. 나는 June Lane에게 전화를 하여 고맙다고 하면서 Denis Lane 목사님도 친구를 만들어 주라고 하였다. June Lane은 Denis가 당시 OMF의 책임자로서 행정적인 일들과 선교사들을 돌보고 상담하며 싱가포르의 교회에서 매 주일 설교를 해야 하므로 실제로 시간을 내기가 힘들다고 하였다. 나는 Denis Lane도 '사회적 동물'이라는 것을 잊지 말라고 쏴붙였다. "뭐? 동물?" 하며 화를 내시자 전화를 톡 끊어 버렸다. 그러나 그 후 다시는 인간에게 'social animal'이라는 말을 한 적은 없다.

지금에 와서 생각을 해 보면 친구를 만드는 것을 허락해 주지 않으시고 떠나신 그에게 감사의 표창장을 드리고 싶다. 물론 그 후에도 몇 번 귀한 친구들을 만날 기회가 주어졌었지만 나는 그가 소천한 후로는 혼자 지내는 것을 선택하게 되었다. 친구들이 필요하지 않다기보다는 친구들을 만나 볼 마음을 상실하고 전혀 그런 종류의 생활 방식을 원하지 않게 되었다. 그동안 바쁘게 살면서 혼자 있어 보기를 마음으로 원하고 있었던 것 아닐까? 양심에 걸리기도 한다. 하나님께도 의논드릴 말씀이 많고, 사람들과 떨어져 있어 주는 것이 서로에게 도움이 된다는 생각이 많이 들었다. 외롭다는 문제는 좀 더 시간이 지난 후에 찾아올 것 같다. 용조가 다시 올 수 없는 이곳에 내가 누구를 불러들여서 위로를 받겠는가 생각해 본다.

용조는 나에게 자신이 듣는 음악을 같이 들어달라고 이어폰을 나누어 내 귀에 꽂아 보라고 하곤 했다. 우리는 같이 걸으며 같이 노래를 부르곤 했다. 글을 쓰며 앞산을 보고 있노라면 그 음악들이 생각난다. 5분이면 갈 수 있는 산을 향해 그와 같이 듣던 음악을 두 귀에 꽂고 들으며 걸을 때 진하고 애잔한 외로움이 찾아와서 잠시 서서 울 때도 있다. 사방에 곰이 출몰한다는 경고판을 보지만 나는 곰도 무서워하지 않는 것 같다. 숲으로 살살 들어가다가 날이 어두워진 후에야 마을의 불빛을 보고 찾아 내려오곤 한다. 집에 와서 주머니를 털어 보면 두릅 5개, 취나물 10잎, 고사리 순 7개, 싸리버섯 3개, 망태기버섯 2개가 쏟아진다. 요리하는 방법이 각각 다른 것이 귀찮아서 모두 쓰레기통에 쏟아 버리곤 하며 하는 말, "당신이 있어야 이런 것들이 의미가 있지…. 바보야…." 하며 또 운다.

사랑하는 연인과 헤어졌는데 울 자유도 없는가? 왜 자꾸 나를 괴롭히는가? 왜 내가 불쌍해서 돌보려고 하는가? 버리고 간 친구도 있는데. 하물며 연락을 하지 않는다고 화까지 내는 친구도 있다. E-mail을 열어 보거나 답하는 일은 그만두었다. 나는 더 이상 따듯한 친구가 되어 줄 온기가 남아 있지 않다는 것을 알려 줄 뿐이다. 만나서 밥 먹고 떠들면 뭐하나? 나는 남편이 없는 여자인데…. 남편을 잃은 것이 작은 단추를 하나 잃은 것처럼 간단한 일인가? 잠시 잊어버리고 이제는 울지 말고 보통 사람들처럼 섞여서 의지하며 살란 말인가? 의지하는 것도 미덕과 겸손이라나, 참, 타인에게 신세지는 것은 마지막으로 내 영정 사진이라도 보아 주려고 올 때 아니겠는가?

온 세상이 폐허가 되어 버린 황량한 땅 위에 홀로 서서 숙제를 받은 심정으로, 그를 기억하며 글을 써 주고 있을 뿐이다. 나는 위로받는 것을 거부하고 있다고 알려 줄 뿐이다. 언젠가 만나면 웃겠지. 그러나 그것은 더 이상 진실된 웃음이 아닐 것이다. 속이 빈 강정처럼 허전한 웃음이 될 것이다. 메아리도 없는… 이 세상에 더 이상 존재하지도 않는 작은 단추를 위하여 준비해 줄 수 있는 것이 무엇일까 생각해 보아야 할 때가 오고야 만 것이다. '이제 조금만 기다리고 있으면 나를 자기가 있는 곳으로 불러 주겠지….' 오래 걸릴까 봐 큰 걱정일 뿐이다. 왜 내가 혼자 사는 것에 적응을 해야 하는지 생각해 보고 싶어 하지 않는다고 알려 줄 뿐이다. 그래도 정신을 차려야 된다고 가슴을 치며 말해 주려는 친구도 있다. 그렇게까지나 관심을 받고 참견을 받을 만한 가치가 있는지 모르겠다고 알려 줄 뿐이다. Please, leave me alone!

나는 내적 치유에 대해 생각해 보았다. 옛적 New Zealand에서 자연이 아름다운 파아누이 섬에서 몇 달 간 혼자 살아 본 적이 있는데 마지막 날 파아누이 섬에서 등을 돌리며 슬퍼 운 적이 있었다. 25세의 처녀가 왜 그랬을까? 자연의 아름다움이 치유의 약이 되었기 때문이었다. 그동안 살아왔던 삶의 피곤함과 상처들이 표면으로 올라올 때마다 자신을 용서하고 받아 주면서 대자연이 베풀어 주는 공기들을 흠뻑 마시고 있었다. 건강상의 문제들도 씻은 듯이 사라진 것을 느낀 후 주님께 감사기도를 드리고 Auckland로 돌아오면서 내가 앞으로 사는 동안에 누구를 만나면 대자연의 풍요로운 사랑으로 잘 위로하는 사람이 되어야겠다는 생각을 했었다.

나는 용조를 만난 후 그의 상처가 드러나면 자연 안에

서 조용히 거하면서 남몰래 삭혀 버리는 방법을 찾아다가 그 안에 놔두곤 했었다. 성경 말씀 안에서 날이 서게 단련된 그의 양심이 때로는 약간 무디어지는 듯 느껴질 때도 있었지만 적어도 그는 하나님의 피조물로서 침묵하는 성격을 갖게 되었다고 생각한다. 그의 양심이 동그래질수록 설교 속에서 남도 찌르지 않기 시작했다. 그렇지 않았으면 그 많은 육체의 가시들의 찌름을 어떻게 조용히 견디다가 하나님께로 갔겠는가?

"여보, 자연은 정직해. 나는 대자연이 좋아. 나를 잘 치료해 주거든…. 당신도 자연으로 들어가 봐. 마음이 힘들어도 말이야. 혹시 당신이 혼자 있게 되면 조용히 그 안에 있어 봐. 하나님이 만드시고 유지하시는 우주와 생명들이 숨쉬는 곳에는 '은혜'라는 것이 있어서 마치 산소 호흡을 하는 것같이 되거든…. 꼭 기억해 둬, 알았지?" 나는 알아차렸다. 하나님이 정해 주신 최상의 치료 방법이라는 것을…. 나의 마음의 아주 작은 소리와 신음들이 대자연 속에서 흡수되고 받아들여진다는 것을 말이다. 다른 방법들을 통해서가 아니라는 것을….

　인간을 도우며 살 수 있다거나 그 누구를 위하여 살아주어야 한다고 생각하며 살아오던 오만을 벗어 버렸다. 그들은 내가 도와주지 않아도, 내가 없어도, 잘 살다가 하나님이 부르실 때 갈 수 있다는 것을…. 나의 봉사 정신이 크리스천적인 것이었는지 다시 한번 잘 생각해 본다. 뉴스나 신문을 내가 안 본다고 세상이 달라지지 않는다는 것을 실감하고 있다. 여기서 복음을 위하여 땅 끝까지 애쓴다는 것이, "내 이웃을 내 몸과 같이 사랑해야 하는가?" 하는 문제와 마주치게 된다. 이곳에서는 이웃을 두지 않으려고 하고 있다. 나는 예수를 믿은 후 내가 만나고 도와드렸던 모든 사람들에게 복음에 빚진 자라는 마음을 가지고 선교사적인 삶을 살아왔다고 감히 생각해 본다.

　이 동네에는 한 만 명 정도의 인구가 살고 있다. 교회가 한 개도 없다. 용조가 여기 같이 있다면 교회를 지었을 것이다. 이 작은 공간에 몇 명이라도 끌어들여서 성경 공부를 가르치면 나는 또 옆에서 오차를 대접하며 자부동(방석)을 쪽 깔았다가 걷었다가 했겠지…. 나는 자부동을 준비해 둘 계획을 하고 있지 않다는 것을 말하고 있는 것이다.

이 간이 화장실 같은 container home이 부끄러워서 아이들도 오지 못하게 하는 것은 아니다. 다만 아이들이 엄마가 살아가는 모습을 보면 마음 아파할 것 같아서 부르지 않는 것뿐이다. 아빠와 같이 살던 모습이 여기는 없으니까 말이다. "언젠가 너희들이 보고 싶으면 한 번 갈게…. 엄마가 좀 버젓한 마음으로 살게 되면 너희들도 부를게…. 엄마 씩씩하게 잘 지내고 있어. 널널한 게 시간이니까. 모든 것을 잘 계획하구 깨끗이 치워 놓고 살구 있거든. 엄마 이제는 시간에 쫓겨서 살지 않아." 아이들은 다행히 나를 잘 이해해 준다.

만일 내가 먼저 하나님께 올라갔다면 하용조 씨는 어떤 삶을 살고 있을까? 그가 20대에 결핵 요양소에서 홀로 지내며 써 놓은 일기를 뒤적거리며 그에게 가장 소중했던 일은 CCC의 김준곤 목사님과 간사님, 특히 홍 목사님과 연결되거나 만날 수 있는 일이었다는 것을 알게 되었다. 하나님은 그곳에 하 목사를 집어넣고는 불같은 영성의 훈련을 시키셨다. 파스칼의 팡세와 같은 깨달음의 물음에 대하여 직접 답해 주시고 기록하게 하신 은혜를 내 생애가 끝나는 순간까지 감사드리고 싶을 뿐이다.

제4권의 책에서 공개하겠지만 옥한흠 목사님이 돌아가셨을 때의 애도, 이동원 목사님의 사랑의 우정, 홍 목사님에 대한 애절한 사랑을 기다리는 극치의 우정의 표현의 글들을 발견하고 눈시울이 붉어지곤 한다. 친구들의 사랑…. 홍 목사님께서 하 목사가 소천한 후 급히 귀국하셔서, 온누리교회 본당 2층에서 서성거리며 서 계시는 모습을 뵙고 너무나도 슬퍼서 소리쳤다. "목사님, 하 목사가 죽었어요." 하며 울었다. 목사님께서 안아 주시며, "나도 하 목사 없는 인생을 어떻게 살아가야 할지 다시 re-set해 봐야 해." 하시면서 슬퍼하시던 모습이 선하다.

지금 내 컴퓨터 책상에는 하용조 목사의 자그마한 영정 사진이 세워져 있다. '왜 저렇게 웃고 있는 것일까? 며칠씩 혼자 두고 나갔다 와도 마냥 웃고 있다. "여보, 입도 안 아파? 어떻게 그렇게 웃고만 있어?" 하면서도 그의 얼굴과 입가의 웃음이 내가 무엇을 해도 이해하며 기뻐해 주는 듯이 나를 보고 있어서 외롭지 않다. 내가 식사를 할 때는 자기도 먹고 싶은 듯이 쳐다보는 것 같다. 하기야 먹는 것을 마다한 적은 없었으니까…. "당신은 천국의 음식을 드시며 지내시는데 뭐…." 하며 밥풀 하나를 입에다 붙여 놓고는 나 혼자 먹는다. "그렇게 먹으니까 뚱뚱하지, 아이쿠…." 하며 쳐다보고 있다. 며칠 전에는 운동화 끈이 풀려져서 한참 동안 길가의 벤치에 앉아 있었다. "여보, 나 신발 끈" 하면 그가 어디선가 와서 쭈그리고 앉아 단단히 매 주기를 기다리고 있었다.

나는 그의 사진을 가슴에 꼭 안고 곡을 한다. 나는 산속의 늑대들이 왜 하늘을 보며 컹컹 우는지 알게 되었다. 너무 오랫동안 끼고 있어서 답답하다고 말할 때까지 말이다. 잘 때도 끼고 자니까 아침이 되면, "휴우" 하며 한숨을 쉰다. 그가 간 후 천국의 옷이나 물건, 집, 음식, 날씨 등에 열등감이 생겼다. "당신은 참 좋겠다!" 언제나 비교해 본다.

나의 친구, 사랑하는 나의 친구, 보고 싶은 하용조 씨!

## 9. 작별

이 이야기를 시작도 하지 않았는데 눈물부터 흐른다. 이 이야기로 책을 끝내 보려고 쿠사츠로 돌아온 후 이렇게 일주일 만에 책상 앞에 앉아 있다. 사위인 홍곤이가 지금 나를 데리러 버스를 타고 오고 있다. 두 시간 후면 도착한다. 두 시간 안에 끝내려고 한다. 혈압과 당뇨를 점검해 보아야 했지만 계속되는 전화로 새벽 6시부터 정신이 없었다. 아침 기도도 드리지 못했으니 하나님께 죄송하다.

남편을 두고 떠난 것은 금요일이었다. 투석을 받고 있던 중이라 간단히 전화로 인사를 드렸다. 전날 밤 부탁을 받은 대로 성지와 홍곤이를 위하여 아파트 임대를 하는 보증인이 되어 주기 위하여 도쿄로 가는 길이었다. 이상하게도 발길이 떨어지지가 않았다. 다시 병원으로 돌아가서 직접 인사를 드려야 하지 않을까 하는 아쉬움이 휘몰아쳤다. 투석이 끝나고 집으로 돌아오시면 드릴 식사의 내용을 모르고 떠나는 것이 너무나 미안해서 집으로 돌아가고 싶었다. 계속되는 후회와 불편한 생각에 마음이 산란했다. '내가 무엇을 잘못했기에 이렇게도 평화가 없는 것일까?'

나는 나를 설득하려고 온갖 이유를 다 동원했다. '자식들을 위하여 제시간에 일을 해 주어야만 한다. 홍곤이가 부동산 직원과 이미 시간 약속을 해 놓은 상태이다. 일본에서 알게 된 친구 리카가 지금 나를 기다리고 있다. 등등….' 비행기에 타서도 기도를 드렸다. "하나님, 봐 주세요. 뭔가 Something 기분이 안 좋아요…."

토요일 아침부터 서둘러서 보증인 도장을 찍고는 리카

를 만났다.

신주쿠 동편 문에서 떠나는 쿠사츠 온샘천행 버스표를 구해 놓고 기다리고 있었다. 꼬불꼬불 가는 동안 조용히 혼자의 기도 시간을 가졌다. "하나님, 미안해요. 하 목사가 지금 설교 준비를 하고 있을 텐데 도와주세요." 아무리 기도를 드려도 뭔가 허전했다. '내가 왜 이러지? 지금 온천으로 쉬러가는 길인데 무엇이 문제일까?' 옆에 앉아 있던 리카가 물어보았다.

"Dalleen, what are you going to do after you get old?(너 늙으면 뭐 하고 싶니?)" 나는 창밖을 내다보며 아름다운 계곡이 있는 숲 속을 가리켰다.

"기도원 하나 했으면 좋겠어." 하자,

"나도, 나랑 같이 하자."

"알았어, 그럼 내가 프로그램을 다 짜 놓았으니까, 네가 예배를 인도하고 상담도 해 봐."

나는 하 목사가 이 일에서 배제된 것에 소름이 끼쳤다. '하 목사는 어떻게 하고 이런 일을 계획하고 있는 것일까?'

나는 대화가 이어지는 것을 감당하지 못하여 피곤해서 잠깐 눈을 붙여야겠다고 하였다.

우리가 쿠사츠에 도착하였을 때는 점심을 넘은 시간이었다. 간단히 식사와 온천을 마친 후 온천 여관에서 토요일 밤을 보냈다. 아침에 일어나 다시 온천을 하고 거리를 돌아다니다가 가루이자와로 동네 버스를 타고 빠져나갔다. 주일 저녁이었다. 예배를 드리지 못한 것이 못내 마음에 걸리고 남편이 어떻게 설교를 준비해서 잘한 것인지 누구에게 물어보고 싶었지만 참고 있었다. 드디어 저녁식사를 하게 되었는데 리카가 물었다.

"네 남편은 쉬운 분이셔, 아니면 보살펴 드리기 힘든 분이셔?"

"아주 까다롭고 힘들게 느껴질 때가 있어. 식사 준비랑, 문단속이랑, 요즘은 내가 조금 힘들어 해." 나는 그 정도로 대답을 해 주었다.

사실 나는 속으로 화가 나 있었다. 작년 5월 지진이 일어난 날 한국으로 돌아올 수 있었던 것은 하나님의 기적이었다. 그러나 동경여자의대 병원에 2주일 후 돌아오겠다는 약속과는 달리 동경으로 돌아갈 수 없도록 상황이 바뀌고 있었던 것이다. 의사 선생님들께 드리는 감사의 편지와 또 때때로 써야 하는 사과의 편지를 담당하고 있던 나로서는 약속을 어기고 무한정 연기한다는 변명을 이해하도록 노력해야 하는 것, 그런 변명이 받아들여져서 양해되어 언제든지 돌아오면 투석할 수 있도록 스케줄에 넣어 주겠다는 약속을 받아내기 힘들었다. 겨우 지진을 이유로 밀고 있었다.

그렇다고 그나마 지탱하던 건강 상태가 유지되는 것은 아니었다. 쌍용사가 가지고 있던 교회 앞의 부지를 매입하는 일이 산 같은 일이라고 하셨다.

"당신이 교인들을 설득해서 살 거예요?" 나는 걱정이 되어서 물어보았다.

"그럼 누가 하나?" 그는 목이 쉬어 하얘진 목소리로 중얼거리고 있었다. 부목사님들과 장로님들은 무엇을 하나? 그들이 오히려 설득을 당해야 하는 입장이라면 하용조 목사 혼자서 온누리교회의 리더인가? 그가 혼자 다 해야 할 일이 아니라고 느껴졌다. 그들이 목사님의 건강을 진정으로 걱정하는 분들인가 의문이 들었다. 며칠 지나며 진행되는 과정을 지켜보던 나는 너무 분해서 일본으로 그냥 떠나 버렸었다. 비서실에서 일사불란하게 계획표를 짜 가지고 각 장로, 안수집사, 집사, 청년부, 교사, 순모임장 등 그룹대로 짜서 모임을 만들면 하용조 목사가 나가서 설득하는 식으로 하였다.

어느 직원에게 물어보았다. "왜 이렇게 많은 일을 한번에 해야 하나요? 목사님 혼자 다 해야 해요?"

"목사님 지시대로 하고 있습니다." 그렇게 무기력하게 순종하며 기획할 수밖에 없는 목사라면 그 자리에 있을 자격이 없는 사람이라는 생각을 하였다. 시간을 내어 기도해 보고 말해야 되는 문제라고 생각하기 시작했다. 나는 저녁 때 피곤하여 눈도 제대로 뜨지도 못하며 들어오는 남편에게 쌀쌀맞게 대하였다.

"몇 번 더 나가서 사람들을 만나야 해요? 동경병원에 약속을 지킬 수 없다면 지금 말해 주세요. 더 이상 거짓말하고 싶지 않아요. 거짓말도 가치가 있어야 하지……." 글을 쓰다 보니 아직도 화가 난다.

"약속이 다 되어 있어서 지켜야 돼."

"취소할 수 없군요?" 나는 다음날 비서실에 전화를 걸어서 목사님이 스스로 하셨다는 약속들을 취소할 수 없다면 약속을 한 당사자들의 스케줄과 연락처를 내놓으라고 소리치고 싶었지만 이메일로 요구하는 것으로 한 단계 낮추려고 마음을 다스리고 있었다.

그런데 다음날 의사 선생님 두 분과 장로님 한 분이 만나자고 하셨다.

"목사님의 혈관 상태로 볼 때 돌연사하실 수도 있습니다. 사모님 마음의 준비를 해 두시는 것이 좋겠습니다." 나는 아무것도 할 수 없는 무력한 아이에게 다가와서 사형선고를 내리는 판사들을 만난 것처럼 느껴졌다. 그가 가면 조치되어야 할 일들을 의논해 보시는 눈치여서, "감사합니다. 그럼 제가 먼저 가 보겠습니다. 세 분들이 의논해 보세요."

하며 걸어 나왔다. 집으로 들어오니, 하 목사는 침실에 누워 있었다.

"어디 갔다 왔어? 이 늦은 시간에…. 당신 요새 왜 그래?" 두근거리는 마음을 숨기며 미안하다고 하였다. 주무실 수 있도록 기도해 드린 후 식탁에 앉아 깊은 생각에 잠기어 있었다. '이러면 안 되지, 기도를 드려야지…. 하나님, 하나님, 하나님… 도와주세요. 다른 아무 말도 나오지 않았다.' 다음날도 그 다음날도, 그 다음날도… 하 목사는 짜여진 스케줄대로 나갔다가 돌아왔다.

"여보, 당신도 한번 같이 가 보자. 성도님들이 나를 사랑해 주시는 것 같아서 참 행복했어. 내가 어떻게 되면 사랑했다고 전해 줘 … 미안해했다고 전해 줘…." 나는 그가 없는 건강에 마지막 진액까지 내놓으며 버텨 보려고 하는 모습이 불쌍해서 웃어 드렸다.

"여보, 동경으로 돌아가자."

"디아스포라는 어떻게 하고…."

"사람이 아프다는데, 그것보다 중요한 것이 또 있겠나?

내가 내일 일본에 가서 의사 선생님들께 감사드리고 약속을 받아 올게요." 하자 말이 없이 앉아 있던 남편이,

"고마워서 그래, 여보. 당신이. 당신이 한번 가 봐."

다음날 한 간사님께 함께 같이 가 주면 고맙겠다고 하였다. 속으로는 오금이 떨렸다. 한 형무소에 사형 선고를 받은 남편이 있는데 부인은 침착하게 구명 운동을 해 주러 돌아다니는 것과 같은 심정으로 조용히 일을 하고 다니고 있었다.

숙소에 짐을 풀고 병원에 가서 인사를 드리고 나오면서도 '내가 또 여기 와서 남편을 돌볼 수 있을까?' 하는 불안감이 스쳐갔다. 병동들의 군인색이 나는 그린 페인트칠이 생소하게 느껴졌다. 마치도 한 형무소의 보안이 철저한 통제감마저 느껴졌다. '내가 누군가에 의해서 철저하게 속박 당하고 있구나….' 하는 숨 막힘이 생기자 식욕이 떨어져서 점심으로 시킨 우동의 발을 세어 억지로 세 발만 먹었다. 기도의 탄식이 가장 깊어지자 숙소에 홀로 앉아 한국에 전화를 해 보았다. 목사님이 불편하게 아프셔서 입원을 하고 계셨다. 나는 불안감이 급상승하여 전화를 바꾸어 위로해 준

후 일본으로 비서와 건너오시도록 준비해 놓았다고 말했다.

"여보, 안 돼. 내가 할 일이 많이 남았어. 당신은 지금 내가 지고 있는 책임감이 얼마나 힘든지 알아?"

"나는 몰라. 교회도 몰라. 장로님들도 모르고 목사들도 몰라. X 목사 바꿔 줘." 그는 여러 번 주저하였지만 내가 너무 화를 내니까 전화를 바꾸어 주었다.

"X 목사세요? 지금 좀 그 자리에서 나가 주시면 고맙겠습니다. 그리고 목사님과 약속 잡힌 사람들 성함과 연락처를 이메일로 다 보내 주세요. 제가 취소해 드리겠습니다." 나는 전화를 끊어 버리고는, "하나님, 미안해요. 이해해 달라는 말은 아니에요. 이젠 제가 다 거절해서 사람들 못 만나게 할게요." 하고는 당장 저녁 비행기를 타고 서울로 돌아오며 하 목사를 생각하고 있었다. 가장 가엽고 불쌍한 우리 남편이 자신이 가장 사랑하는 주님의 일을 할 수 없는 건강에 이르게 되었다는 사실을, 이제 부인의 반대로 벽에 부딪힌 것을 인지하고 있는 상태였다. 나는 마음을 누그러뜨리고 화낸 것을 사과하려고 결심하고 입원실로 기어들어갔다.

"여보, 나 왔어요." 가장 슬픈 침묵이 흘렀다.

"나 당신이 화낸 것 잘 생각해 봤어. X 목사야말로 정말 침착하게 잘 참고 겸손한 사람이라는 것을 느꼈어."

"그래? 그럼 둘이 잘 의논해서 잘해 보세요. 내가 좀 피해 줄게. 이제부터는 모든 책임이 누구한테 있는지 생각도 해 봐." 나는 하나님께 기도하며 집으로 돌아왔다.

'그래도, 나이도 어린 목사가 노력을 하는구나. 그래, 남편이 편하게 느끼는 사람에게 잘해 주어야지…. 나는 이제 더 이상 싸우지 않을래…. 애를 쓰는 사람들에게 겸손하게 해 주어야지.' 하면서 며칠을 보냈다. 남편이 부목사들을 집으로 데리고 들어오면 기쁜 낯으로 반겨 주면서 맛있는 나물밥을 만들어 주고 고기도 구워서 나누어 주었다. 무국을 만들어 곁들이고 작은 조기들을 구워서 한 마리씩 놓아 주면서 목사님을 잘 보필해서 쉬게 해 드려 달라고 부탁하는 태도를 보여 주려고 노력해 보았다.

하 목사도 자신의 정스러움을 표현해 주려고 노력하는

태도가 역력했다. 밤에 잠을 못 이루고 기도를 드리거나 누워 있는 나의 어깨를 두드리며 내 발치에 앉아 내 발을 조몰락거리며 잠을 청해 보라고 하여 주었다. 나는 힘들까 봐 이내 잠이 든 척해 주었다.

"역시, 당신은 내가 만져 주어야 잘 자더라." 아침에 깨면 말해 주었다.

"당신, 팔도 아픈데, 고맙지만, 미안했어요." 왜 그렇게 부끄러워했었을까?

"당신 발이 따뜻해서 좋았어. 알지? 내 손 차다는 것." 하며 찬 손으로 내 손을 잡았다.

"야, 당신 손 이제 잡을 만하다. 맨 처음 만났을 때는 힘이 너무 셌었는데…. 기억나?"

"그래, 요 딸랭아, 내가 당신에 대해서는 기억 못하는 게 없지. 당신은 나를 잘 기억할 수 있겠어? I mean, 내가 죽은 후에도?" 나는 대답하는 대신 고개를 저었었다. 그가 간 후 때로는 어떤 상황에서 그가 어떻게 행동하고 말했었나 하는 기억이 안 나서 며칠 동안 노력해서 그를 기억해

내곤 한다. 단 한 번도 화를 내거나 거칠게 행동한 적이 없는 그였다는 것을 알고 있을 뿐이다. 사람이 둔해서 부인이 무엇을 느끼면서 사는지도 모르는 사람들이 있는가 하면, 그는 예민하게 알아채려고 하지 않았어도 그냥 알아서 잘 대처해 주고 변호해 주는 부형과도 같이 가까이에서 자신의 몸과 마음을 나에게 대어 주고 있었다. 그저 깨질까 봐 안고 다닌 것을 그리워하고 있을 뿐이다.

"사랑이 돈이 드나 시간이 드나? 그냥 늘상 사랑하고 있으면 되는 건데 뭐, 당신 사랑하는 게 제일 쉬운 일이다…." 하며 나의 어깨를 쓰다듬곤 했었다. '그래, 당신 잘 가셨어요. 나 때문에 그렇게 고생하려면 하늘에서 편히 쉬는 게 나을 거예요.'

주일 오후, 리카와 가루이자와 outlet에 도착하자 아기를 두고 온 엄마처럼 불안해졌다. 간사에게 전화를 해서 목사님과 얘기해 보니 감기가 걸린 듯이 힘이 들어서 설교도 겨우 끝내고 집에 와서 누워 있다고 하였다. 나는 간사에게,

"지금이 위기야. 빨리 입원시켜 드려요." 하자,

"목사님이 안 되신대요. 오늘 원장님 쉬시는데 미안하다고 안 가신대요. 내일 아침까지 참았다가 투석할 때 뵙겠다고 하시네요." 나는 맥이 빠져 했다.

"아무튼 오늘이 위기야." 하며 전화를 끊었다. 리카와 다니다가 식사를 하면서도 마음이 싸늘해짐을 느꼈다. 늦은 시간에 전화를 받는 것을 피곤해 하는 분이셨지만 9시쯤 전화를 해 보았다. 성지가 받았다.

"엄마, 아빠하고 조금 전까지 얘기를 나누었어요. 조금 아까 병원에서 왕진 와서 주사를 맞으시고, 지금은 안마하시는 분을 모셔다가 안마를 받고 계세요." 나는 실례를 무릅쓰고 잠시 바꾸어 달라고 부탁했다. 그의 목소리는 유난히 up되어 있었다.

"여보, 나 지금 안마 받고 있어! X 권사님께서 민어를 한 마리 보내 주셔서 아줌마한테 가지 말고 다 전으로 붙여 달라고 했어. 당신이 민어전을 좋아하잖아."

"그래요? 그냥 내가 갈 때까지 두라고 하세요. 얇게 떠서 얌전하게 부쳐 놔야 해요."

"그래. 여보, 또 전화하자. 안녕!!!….." 무엇이 그렇게나 아쉬웠을까? 다시 한번 전화를 드리고 싶어 견딜 수 없어 했다.

우리는 도쿄로 가는 신칸센을 타고 말없이 돌아갔다. 무엇에 쫓겨서 등이 밀리는 사람처럼 리카와 헤어진 후 사위가 기다리고 있는 집으로 돌아왔다. 유난히도 피곤한 여정이었다. 재빨리 씻고는 수면제를 먹고 소파에서 자기로 하고 잠이 들었다. 자는데 무슨 전운이 도는 것 같은 느낌이 들어서 깜짝 놀라 깨어 보니 사위가 내 앞에 서서 얼굴을 내려다보고 있었다.

"어머니, 성지에게서 전화가 왔습니다. 아버지께서 조금 편찮으셔서 병원에 입원하셨답니다. 새벽 비행기로 오시랍니다." 나는 멍해졌다. 사위의 말에 순종하며 기절을 하고 일어나 공항으로 향했다. 우리는 서로 말이 없었다. 비행기에 앉자마자 남편의 목소리가 들렸다.

"여보, 당신 지금 좀 자. 자 두어야 돼. 그렇지 않으면 당신 피곤해서 못 견딜 거야." 얼마나 엄하게 말씀을 하시는지 나는 왜 그렇게 해야 하는지 물어보지도 못하고 그냥 순종해 드리고 말았다. 수면제 기운이 남아 있어서 더 잘 순종을 했는지도 모른다.

공항에 내리자 권사님 두 분과 사모님 한 분이 기다리고 있다가 나를 차에 태우고는 급히 응급실로 향했다. 목사님이 뇌출혈로 쓰러졌지만 수술을 받으시고 뇌압이 안정되어 의식이 있는 상태라고 했다. 성도님들이 교회에 모여서 중보기도하고 계신다는 말에 정신이 들었다. '하나님이 하시는 일이구나! 또 살려 주실 거야….'

병원에 도착하니 성지가 기다리고 있었다.

"엄마, 아빠 너무 아파! 늦게까지 나하고 말씀을 나누시고 주무신다고 들어가셨는데 조금 있다가 성령님이 아빠한테 가 보라고 하셔서 뛰어나가 방으로 들어갔더니 아빠가 쓰러지면서 조심해서 넘어지려고 애를 쓰시다가 침대 밑으로 떨어져 넘어지셨어요. 내가 막 소리를 지르며 '아빠 침대에 누우세요.' 하자 억지로 있는 힘을 다해서 침대로 올라가서 누우셨어요." 간사님과 연락을 해서 앰뷸런스가 오자 X 목사의 팔을 잡고 있다가 손에 힘이 빠진 후 의식을 잃으셨다고 한다. 내가 방으로 들어가서, "여보, 나 왔어요." 하자 기다리느라 애를 쓰고 있던 남편의 눈에서 강 같은 눈물이 주르륵 흘러 내렸지만 성지가 "아빠, 엄마 왔어, 울지 마." 하며 눈물을 다 닦아 버려서 아빠의 마지막 눈물을 닦아 드리지 못했음에 아쉬워하였다. 차가운 몸의 온도에 겁을 내며 "아빠, 너무 차가워…." 했다. 내가 아무리 이불을 덮어 주어도 차가움이 없어지지 않았다. 나는 밖으로 뛰어나가 정신없이 걸어 다녔다.

"하나님, 하나님, 하나님…." 한도 없이 하나님을 불렀다. 조금 있다가 의사 선생님이 방으로 부르신다.

"지금, 보호자 분께서 사인해 주시기만 기다리고 있습니다. 두 번째 수술에 들어가야 합니다." 나는 당장 사인을 했다.

"여보, 당신 뇌압이 너무 높아져서 다시 한번 수술하셔야 한대요. 여보, 수술 잘 받고 나오세요, 용감하게…, 알았지? 기도하고 있을게요." 그를 수술실로 들여보내며, 마지막으로 그의 차가운 발을 잡아 주었다. 의사 선생님들께 부탁해서 손기철 장로님께 수술복을 입혀 드리고 수술실에 들어가서 직접 기도해 달라고 부탁드렸다.

그 수술은 뇌의 부분을 잘라낼 수도 있는 수술이어서 잘못되면 평생을 기능할 수 없는 머리를 가지고 고생하시다가 돌아가실 수도 있으므로 나의 선택이 중요하다고 주위에서 눈치를 주었다. 나는 아빠가 조금 고생하시고 내가 병간으로 고생하게 된다고 하더라도 성석이와 정민이의 아기가 태어나면 얼굴이라도 보시고 가시라고 사인을 해 드렸었다. 사랑하는 남편을 훌쩍 떠나시라고 할 수 없는 나의 마음이 그를 괴롭게 한다면 이기적인 사랑인 줄 알면서도 한 발자국도 놔 드릴 수 없는 아쉬움에…. 그만 그의 머리를 두 번이나 자르게 한 어리석은 나였다.

두 시간 후 손기철 장로님께서 입술에 하얀 막이 생기도록 기도를 하신 후 수술실에서 나오셨다. 정말, 정말 혼신을 다해서 기도해 주시고 목사님을 하늘나라까지 모셔다 드리고 나오셨다. 언젠가 감사의 마음을 표현해 드리고 싶다.

한 의사 선생님께서 부르셨다. 큰언니와 내가 들어가자,
"최선을 다했지만 성공하지 못했습니다." 하셨다.

"선생님, 고맙습니다." 인사를 드리고 나왔지만 나는 믿지 않았다. 그는 살아 있었다. 나의 마음과 현실 속에…. 아직도…. 그는 아들 성석이가 도착할 때까지 살아 있어야만 했다. '그래야 좋은 아버지지.' 나는 울지도 않았었다.

차갑고 차가운 몸으로 호수를 끼고 누워서 강제로 시키는 호흡을 당하고 있는 남편이었다. 그를 위한 성도님들의 기도는 끝난 것이 분명하게 느껴졌다.

"여보, 그분들도 피곤해서요. 미안해요." 나는 한 의사 선생님께서 놓게 해 주신 안정제의 효력을 믿지 않았다. '남편이 마지막 밤을 보내시는데 내가 자면 안 되지.'

나는 그가 누워 계신 곳으로 내려갔다. 모든 분들에게 집으로 돌아가셨다가 다음날 아침 임종 예배 때까지 오도록 명령이 떨어진 것이 분명했다.

"여보, 나는 사람들을 괴롭히고 싶지 않아. 당신이 이해해 주면 좋겠어." 남편이 말씀하셨다.

"여보, 그래도 이거 말도 안 돼요." 나는 일어나서 대기실로 나가서 확인해 보았다. 아무도 없었다.

"여보, 너무 섭섭해 하지 마…. 당신이 외롭고 놀랬다고 하더라도 오늘 밤은 우리 둘이 잘 보내자." 남편은 나를 달래어 주고 있었다. 나는 그러기로 하였다. 간호원 한 분이 말씀하셨다.

"올라가서 쉬다 오시지 그러세요?" 나는 너무나 기가 죽었다.

"남편이 떠나시는 마지막 밤이라서요…." 그는 나를 곁눈으로 쳐다보았다.

"젊어서 그래. 아직도 너무 젊어서…." 그는 가 버렸다.

그의 예쁜 얼굴이 별안간 눈에 들어왔다.

"당신 왜 이렇게 예쁘지? 난 몰랐었어. 진작 알았으면 얼마나 기뻐했을까?" 그의 편안하고 예쁘게 가라앉은 코를 보며 나는 새삼스럽게 그에게 반하기 시작했다. 그가 아픔을 끝내고 완전한 평화를 찾은 모습을 보자 나와 같이 떠나 주지 않은 것이 섭섭했다. 그의 반짝이는 피부와 눈꺼풀 밑에서 쉬고 있는 검은 눈동자를 바라보며 빨려 들어가는 모

성애를 느꼈다. '가엾은 사람…. 내 아들……. 그리고 내 애인아….'

"여보, 축하해, 이제 당신은 긴 여로를 끝내고 우리 주님 앞에서 살게 되었으니 얼마나 좋으세요?" 그는 이미 예수님을 만나 뵙고 온 것 같았다. 인간의 모습이 아니었다. 차가운 몸이 힘들어하지도 않았지만 나는 손이 시려워질 때까지 주물러 드리다가 이불로 덮어 드렸다.

"미안해, 따뜻하게 보내 드리고 싶었는데…. 내가 잘못했어요." 사랑하는 분의 생명이 끝났다는 증거가 차가운 손이라고 말해 주신 분은 아무도 없었다. 지금까지도 마음이 아프다.

'우리가 이 세상에서 서로 사랑하던 육체의 삶이 끝나면 온몸이 식어 버린다니….' 하나님의 얼굴을 바라보려고 하였지만 그분은 잠깐 어디론가 얼굴을 숨기셨다.

"당신의 아들을 데려가시던 날도 이러셨나요? 그것으로 충분하다고 하셨었잖아요? 하나님, 난 정말 슬퍼요. 데려가신다면 화날 것 같아요." 나는 아직도 현실을 인정하지 않고 다른 소리를 하고 있었다.

"여보, 그러지 마. 그분의 은혜야." 그는 눈을 감은 채 나에게 속삭였다. 나는 순간적으로 아주 아주 무기력해지고 기가 죽었다.

"Don't say a word to me, please. If you are saying that you are already gone…. I know You are gone to meet Him! I can see how happy you are. If you are that happy to depart me, I should be only happy for you. How can I not be? If you have already left me to be with our Lord, I know I should not say a word, too. Let us be quiet before Him." 나는 그에게서 흘러나오는 어떤 생각이나 말들을 듣지 않으려고 귀를 손으로 가리고 있었다. 다만 아주 늙은 인디언 추장의 부인처럼 영어로 중얼거리고 있었을 뿐이었다.

별안간 이 세상에서 가장 감당하기 어려운 정도의 외로움이 나를 엄습하고 있었다.

"당신의 죽음과 예수님의 죽음이 흡사한 점이 있어요.

감사해야겠죠? 예수님이 그때 얼마나 외롭고 실망했었는지 상상해 보시라는 뜻일 거예요." 나는 신을 똑바로 신고 문을 나가서 대기실에 다시 가 보았다. 한 보호자분이 잠을 청하고 있을 뿐이었다. 다시 돌아와서 남편 앞에 앉아서 생각해 보았다.

'그래, 나의 사랑하는 분을 오붓하게 혼자 보내 드리는 특권을 부여받았다고 생각하자. 용조는 우리 둘만 같이 있어 보는 것이 소원이라고 했었지….'

"여보, 내 마음 알았지? 지금 우리가 마음이 상해서 시간을 낭비하고 있을 수는 없어요." 나는 예쁘게 보이고 싶었다. 꽃무늬 블라우스를 그가 좋아한 것은 아니었지만 그래도 몸매를 가다듬었다.

"여보, 가셔도 내 사랑 잊지 마세요. 아이들 기억하고 늘 기도해 주세요." 성석이가 도착할 시간을 재어 보았다.

"여보, 나 당신이 없으면 힘들어요. 빨리 나도 데려가 주세요. 정말 부탁해…."

나는 마지막으로 그를 웃겨 드리고 농담을 해 드리고 싶었다. 그가 평소 때 제일 무서워하던 무기는 나의 두 손가락이었다. 내가 간질이려고 하면 몸을 피하며 도망을 다녔었다. 나는 그의 겨드랑이를 간질여 보았다. 아무 반응도 표정도 없이 웃지 않으려고 도를 닦고 있는 듯했다. 다시 한번 심하게 간질여 보았다. 그의 표정이 끝난 것에 겁이 났다.

"여보, 당신 나 사랑하지 않는구나. 그럼 나도 이젠 간질이지 않을게." 나는 기가 죽었다. 다시 일어나서 보호자실까지 걸어가 보았다. 홍곤이가 복도에 앉아 있었다.

"아무도 안 오셨었니?" 하자, "X 장로님께서 오셔서 아버님의 손이라도 한번 만져 보고 가시고 싶다고 하셨는데 허락이 안 되어서 돌아가셨어요." 나는 다시 한번 기가 죽었다. 왜 그랬을까? 지금도 잘 모르겠다. 내가 왜 밤새 보호자실로 왔다 갔다 하며 안절부절못했었는지는 아직도 잘 모르겠다.

드디어 아침 7시가 다 되어서 아들이 들어왔다.
"아버지! 아버지! 사랑해." 사랑하는 아들의 목소리에도 반응을 하지 않으시고 조용히 누워 계시는 모습이 너무나도 뼈저리게 가여워 보였다. 성석이의 두 눈망울에서 크나큰 눈물방울이 흘러내려 아버지를 적시었다.

아침 8시가 되자 사람들이 몰려들기 시작했다. 한 분씩 목사님께 다가와 손을 꼭 잡으며 작별 인사를 드렸다. 임종이 시작되자 산소 호흡기를 껐다. 나는 정신을 차리려고 애를 쓰고 있었다. '이럴 때는 내가 자신에게 정직하게 행동하지 않는다면 평생 후회할 거야. 내가 임종을 해 드려야지, 누구에게도 맡기고 싶지 않아.'라고 느꼈다. 나는 하 목사 앞에 앉았다. 그때부터 진실된 모성애가 발동하기 시작했다. 그가 그의 육체를 떠나는 예식은 어떻게 드려야 하는지 잘 몰랐지만 그를 달래며 겁내지 말고 하나님께 뛰어가서, "하나님, 제가 여기 왔습니다." 하시라고 인도해 드렸다.

"하나님 아버지, 당신의 사랑하는 종 하용조 목사가 이제 길을 떠났습니다. 천군천사를 보내 주셔서 천국으로 가는 길로 인도해 주시옵소서. 착한 종아 잘하였다. 칭찬해 주시옵소서."

"여보, 당신 애쓰고 수고하셨어요. 사랑해요. 미안해요. 안녕히 가세요." 나는 직선이 그려져 있는 모니터를 보며 중얼거리고 있었다. 그의 입에 꽂아 놓았던 긴 호흡기를 목에서 빼내는 순간 눈물이 확 쏟아졌다.

"여보, 얼마나 답답하셨어요?" 병원의 직원들이 영안실로 데려가는 길을 같이 모시고 가고 싶었지만 주변의 사람들이 나를 끌고 나와 차에 태웠다. 그의 몸이 하얀 시트로 덮이는 순간의 절망은 아직도 나의 마음속에서 영원한 연속선을 그리고 있지만 나의 생명의 끝에도 그렇게 하얗게 깨끗한 시트 사이에 놓여 있게 되리라는 희망을 가져 보게도 한다.

하나님의 종 하용조 목사님,
사랑하는 나의 남편,
"Goodbye, Yong Jo, my love.
Wait for me till we meet again….

에필로그

'성석아, 엄마 이제 아빠 책 안 쓸래…. 컴퓨터에 써 놓은 것 어젯밤에 다 날아가 버렸어."

"아, 그래 엄마? 좀 쉬다가 다시 써 봐. 더 좋은 생각이 나서 더 잘 쓸 수 있게 돼요." 하며 조심해서 저장해 놓는 것이 중요하다는 것을 말해 주었다. 아빠도 언제 어디서나 용기를 북돋아 주는 사람이었는데….

"당신, 글씨도 잘 쓰네…. 음… 아주 개미가 기어가는 것같이 삐뚤빼뚤 조그맣게 보이네…. 난 눈이 나빠서 잘 못 읽지만 아마 다른 사람들이 읽으면 다 놀라 가지고 뒤로 넘

어질 거야." 하기야, 몇 년 전에 보낸 연애편지도 다 뜯어보시지도 못하고 가실 정도였으니까 뭐 그리 중요한 멘트는 아니었을 것이다. 그러나 목사님이 가신 후 나는 중요하고 심오한 이야기보다는 일상의 지나가는 이야기를 나누던 것이 그리워지곤 한다.

남편이 자상한 사람이었기에 우리 부부는 매일 같은 공간에서 지내는 시간을 가지곤 했었다. 매일 처음 만나는 사람처럼 새로운 면이 있다고 늘 좋아해 주었다. 돈 한 푼 안 들이고도 사랑을 표현하는 적이 많았다.

"달린, 저기 꽃 좀 봐, 아주 싱싱하고, 고상하고, 자태가 귀하군. 당신도 저 난처럼 보여서 내가 어딜 가면, 딱 가리고 앉지. 쪼고만 것이 그것도 모르고 딴 데 가서 앉는다니까."

"내가 언제?"

"그날 당신 화장실에 갔다가 그 남자 앞으로 가서 슬그머니 앉아 있던데 뭐…. 딱 광화문에 서 있는 이순신 장군처럼 생겼길래 가만있었지…. 별말 안 했지?" 하면 나는 그렇게 점잖게 생긴 사람이라면 무슨 할 말이 있었겠는가 하면서 기억을 더듬어 보곤 하였다. 사실 나는 그때가 모두 일어날 때라서 문 쪽에 앉아 있었던 것뿐이었다는 얘기는 하지 않았다.

그렇게나 챙겨 주던 나의 용조인데…, 어디에 있는 것일까? 이제 용조는 이곳에 없다. 지난 해 8월 2일부터 자취를 감추었다. 그 후에 아직 것 살아온 것이 부끄러울 뿐이다. 그동안 동경과 고베에서 두 번이나 추모식을 해 주셨다. 용조답지 못하다는 생각이 들었다. 그는 나를 그렇게 대하지 않았었다. 그가 나를 까만 양복 입히고 흰 손수건을 손에 쥐어 주고 눈물을 흘리며 과부가 된 것을 사죄하기 위하여 깊은 인사를 드리도록 카메라를 들이밀게 하겠는가? 가장 고통스럽고 죄송한 시간들이었다. 사람이 죄인이 될 때 죄인 노릇을 못하면 도리가 아닌 것 같아서 겨우 나타났다.

용조가 일본 목사님들과 잊을 수 없는 사랑을 주고받았다는 느낌이 밀려와 많은 위안을 받았다. 용조의 해맑게 웃는 영정 사진을 아름다운 꽃으로 장식해 주신 분께 감사드리고 싶었다. 이재훈 목사님께서 몸살 약을 드시면서까지 추모식의 말씀을 주시면서 자기가 온누리교회의 후임 목사라고 인사하셨다. 많은 분들의 추모사가 끊이지를 않았다. 용조는 어찌 그리도 사랑을 받다가 갔는가?

고베 역에 붙여 지은 호텔로 돌아와 하룻밤을 지내면서 그리움에 밤잠을 설쳤다. 바람이 유난히도 세게 불어서 창문까지도 울부짖는 밤이었다. 다음날 아침 동경행 신칸센에 몸을 기대고 오면서 많은 생각에 잠기어 있었다. 용조가 떠난 후 주변 사람들의 섬뜩한 모습도 보았고, 정스럽고 순전한 모습도 보았다. 나는 기차에 앉아 무엇이 나를 그리도 슬프게 했었는지 다시 한번 정리해 두려고 애를 썼다. 정신이 멍하고 기억하는 것이 힘이 들어서 글로 기록해 두지 않았다면 다 잊어 버렸을 것이다. 나의 생각과 지혜가 짧아서 일어난 일들도 모두 적어 놓았다. 나는 주변의 사람들에게 최소한의 경우나 예의를 지키려고 애를 쓰면서 살아야 하겠다는 맥 빠진 결심을 하였다. 다시 한번 더 이런 일이 찾아올 리는 없겠지만 유대인의 격언처럼 'forgive but remember' 즉 '용서는 하되 잊지는 말라.'는 뜻으로 자식들에게 가르쳐서 다시는 그런 경험을 하지 않도록 하라는 뜻으로 기록해 놓았다. 그렇다고 별주부전같이 과부생전을 만들어 놓은 것은 아니지만, 구전문학으로 읽는다면 음률에 맞추어 곡을 하듯이 읊을 수는 있을 것이다.

나는 남편을 '용조'라고 불렀다. 언젠가 Denis Lane이 오셨을 때, 남편을 '하 목사, pastor Ha'라고 칭하며 대화를 시작하자, "모든 만물에 이름이 있는데 네 남편은 이름이 없느냐?"고 물으셨다. '여보'라고 부른다고 하자, June

Lane이 하시는 말씀이 "그런 발음은 영어로는 '산양'의 한 종류인데, 수염이 너무 많아서 지저분하다. 그냥 용조로 부르라."고 하였다. 용조라는 발음의 소리가 듣기에 좋고 전혀 귀에 거슬리지 않는다고 하였다. 그날부터 나는 그를 '용조'로, 그는 나를 '달린'으로 부르기 시작한 것이었다. 그는 내가 자기를 용조라고 부르면 더 가까이 느껴져서 기분이 좋다고 하였다. 발음이 조금 안 좋아서 나를 '달링'이라고 불렀는데 친정엄마와 아빠가 깜짝 깜짝 놀라하셔서 오랜 훈련 끝에 '달린'으로 훈련이 되었다.

아이들이 조금 자라자 자연스럽게 "아빠"와 "엄마"라고 서로를 부르고 있었다. 시어머니께서 우리 집에 머무르고 계실 때면 퇴근 때마다 혼돈이 오곤 했었다.

"엄마 있어?" 하고 들어오면, 나는 어머니와 동시에 버선발로 뛰어나가서 반갑게 맞아 주곤 했다.

"당신은 정말 내 아빠 같아요." 하면,

"당신도 정말 내 엄마 같아."

"내가 왜 당신 엄마죠?"

"당신은 밥도 주지, 옷도 챙겨 주지, 잠도 깨워 주지…."
on and on and on…. 바보같이, 끝이 나지 않는 endless tape이었다.

지금 용조는 내 곁에 없다. 진지도 따뜻하게 한상 봐 드리고 싶고, 단추도 채워 드리고, 노란 넥타이도 골라 드리고, 잠옷도 입혀 드리고, 샤워하고 나가시라고 잠도 깨워 드리고 싶은 데…. 바보같이, on and on and on… endless tape인데…. 그는 이제 더 이상 내 옆에 없다.

따뜻하고 정감 있게 땀이 나도 함께 잡고, 골목을 돌 때마다 순사처럼 꼭꼭 누르며 주의를 주던 용조의 손이, 병원에서 의사 선생님을 만나야 된다고 끌고 다니면 뿌리치며 화를 내던 그의 손이 어디로 간 것일까? 그는 지금 내 옆에 없다.

나는 잘 때마다 한 손을 내밀고 용조가 오기를 기다린다.
"여보, 내 손 잡고 싶으면 잡아도 돼…."
나는 잘 때마다 한쪽 침대를 비워 놓은 채 잠이 든다.
"여보, 들어오고 싶으면, 들어오세요." 손을 한번 잡아 달래도 못 잡아 주고, 한번 같이 누워 주러 올 수도 없는 그곳에 무엇에 미끄러져서 간 것일까? 그의 모습이, 그의 목소리가 아직도 이렇게 생생한데…. 내가 그리도 섭섭하게 했던가?

뭉게구름이 피어오르다 구멍이 생겨서 금빛 광채가 새어 나올 때면, 나는 직감한다.

"용조, 저기가 좋아, 저런 데로 다녀."

구름이 흐르며 구멍을 없애 버리면 안타까워한다.

"당신은 똑똑하니까 구멍을 찾아올라 다녀야 돼. 차가운 구름 속을 헤치고 다니려면, 얼마나 춥겠나? 좋아하던 붕붕이 파카를 꺼내다 입혀 주고 싶은데…." 이 바보는 그를 붙잡을 수 있는 만남의 장소를 모를 뿐이다.

한없이 길을 잃은 나 자신을 안개와 같은 혼돈 속에서 도와주며 주소를 찾아 데려다 주곤 하지만, 감히 용조가 없는 나의 삶이 가져다 준 일상의 의미를 나는 알고 싶어 하지 않는다.

용조가 가자 나는 무엇엔가 감전된 사람처럼 느껴졌었다.

사람들의 행동과 말들을 어떻게 해석해야 할지 잘 몰랐다. 부분이 아니고 전체적인 해석이 잘 안 되었다. 마치 용조의 장례가 어떤 물리적인 힘에 의해서 치러졌으며, 나는 용조의 막내딸처럼 하라는 대로만 끌려 다닌 것 같은 수동적인 상태에서 아들과 사위의 보호를 받고 있다는 것을 느끼고 있었다. 용조를 포기해 달라는 포기 각서에 서명이라도 해 주어야 속이 편해지실 것만 같은 주변의 압력은 마치 커다란 잠수함을 타고 해저로 돌아다니는 쓸쓸한 선원의 울렁거림처럼 배와 귀에서 윙윙거렸다.

떠나자, 떠나 버리자…. 영정 사진을 물끄러미 바라보고 있는데 아들이 불을 껐다. '이제 저 아들이 하라는 대로 하며 살아야 하는구나.' 하며 잠이 들었다.

아침이 되자 용조의 영정 사진 앞에서 무언가 깊은 인사를 드리고 있는 자신을 끌고 나가 현관에 가서 구두를 신기는 데 마지막 힘을 다 소진해 버렸다. '이 집도 마지막이구나….' 그래도 한번 둘러볼 힘이 없었다. 공항으로 실려 가면서 '나는 지금 어디로 가고 있는 것일까?' 용조도 없이,

고아원에서 쫓겨난 어린아이와 같이 슬픔을 넘어 엄마의 손을 놓쳐 버린 그때와 장소가 기억나지 않는 어리석은 나였다.

누가 울지 말라고 했던가? 울지 않고 공항에 나와 주신 분들께 인사를 드리고 비행기에 올라타는 데 성공하였다. 비행기가 이륙하자, '더 높이 올라가 하늘까지 데려다 다오….'

동경에 도착하여 616호는 이미 비워 주었고 딸과 사위가 살던 615호 아파트에 발을 들여놓자 하얀 눈물이 비처럼 쏟아졌다. 가랑비에서, 소나기로, 폭우로, 폭포수로, 강물이 되어 흘러가는 눈물에 쓸려 내려가 죽었으면 얼마나 좋았을까?

며칠 후 용조의 영정 사진이 도착하자 나는 그 앞에 앉아 통곡을 하였다. 가장 큰 보물을 빼앗긴 것처럼 꺽꺽 울부짖고 있었다. '나도 애착하는 것이 있었구나!'

나는 누가, 용조가 남기고 간 일을 계속하라거나, 용조의 죽음이 가져다 준 자신의 슬픔이 내 슬픔보다 더 큰 것처럼 얘기하는 사람들에게는 형언할 수 없는 거부감을 느끼곤 한다. 슬픔이란 본질상 주관적인 것이어서 마음의 작은 골목마다 들리는 메아리를 자기밖에 들을 수 없는 것이라고 생각한다. 그래서 나는 주로 혼자 시간을 보내고 있다. 하도 슬퍼서 말이다. "나도 같은 경험을 하였다"고 찾아와 "네 심정을 너보다 더 잘 알고도 남는다. 도움 받고 싶은 것 있으면 나에게 와, 내가 네 보호자로, 언니로, 친구가 되어 줄게." 하는 이들의 경험도 내 것으로 받아들이기에는 너무나 우울증이 심해진다. 나는 용조가 없는데도 사람들과 계속해서 관계를 유지한다는 것을 민망하게 생각한다. 물론 그들은 나를 사랑하고 내가 불쌍해서 그럴 것이다. 지금은 조금 힘이 든다. 과연 용조는 내가 그렇게 섞여서 살기를 원하고 있는 것일까?

하나님은 어떻게 생각하고 계실까? 내가 어떻게 해야 그분의 마음이 편하실까? 용조를 데리고 가셨다는 뜻은 나를 혼자 놔두기로 하셨다는 뜻이다. 그래도 여쭈어 보았다.

"하나님, 제가 여생을 어떻게 지내야 아버지의 마음이

편하시겠습니까?" 최근에 응답이 왔다. 영어로 말이다.

Dalleen, my daughter, I love you so much. You can use the rest of your life as you like. You have done enough. You have looked after my people, you have led Yong Jo to a safe and a beautiful harbor. I have been hearing your prayers for Onnuri Church for its mission and evangelism, too. Now, be alone and praise my holy name. By doing that, you will be able to glorify me.

하나님은 항상 한결같으시다. 그분은 흐트러지지 않은 시선을 원하셨다. 가톨릭의 수녀들이 한번 수도원에 발을 들여놓으면 중보기도의 생활과 자기 성찰의 고해성사로 일생을 보내듯이 나는 용조 없는 생활을 혼자 하다가 가려고 마음먹었다. 장소나 시간에 있어서는 자유롭게 다니면서도 그런 그림을 그리며 살기로 한 것이다. 별로 불편하지 않을 것 같아서 자유롭게 느껴지기 시작했다.

얼마 전 하나님과 용조가 작은 선물을 하나 보내 주셨다. 아무도 아는 사람이 없는 작고 조용한 마을에 거처하며 드나들 수 있는 곳을 마련해 주신 것이다. 작지만 용조의 무덤보다는 크다. 용조가 얼마나 하나님께 보챘겠는가 생각해 본다.

'하지만 그곳에도 용조는 가끔씩 와서 쉬어 가지 못할 거야. 이제 자기는 궁궐에서 살고 나는 초막에서 사는 것이니까…. 유감은 없다. 용조만 잘 있으면 좋은 것이지 뭐.'

나는 그가 떠난 후 식사 생활을 간단하게 바꾸었다. 현미밥 한 공기와 소금기 없이 스팀한 야채를 폰즈에 찍어 먹고 만다. 단백질은 현미에 있는 식물성 단백질, 두부, 두유 정도로 충당하고 있다. 또 이것 가지고 세미나를 하셔서 저에게 충고하지 마시기를…. 그렇게도 할 일들이 없나…. 사람들은 별 참견을 다 하려고 하신다. Leave me alone, please!!!!!

나는 백팩에 모든 필요한 것을 다 넣어 가지고 다닌다. 스페인에 있는 산티아고 순례 길을 걷는 것과는 비교도 안 되겠지만 나도 이 백팩이 부담이 되어서 산에 몰래 숨겨 놓았다가 다음날 찾아오는 때도 있다. 까만 우비를 입히고 개미 한 마리도 접근하기 싫어지는 주파수를 진동으로 틀어 놓고는 말이다. 하지만 혼자 걷는다는 것은 나와의 약속이다. 만일 걸을 시간을 계획할 수 없이 바쁘다면 아예 식사를 하지 않으면 된다.

용조는 다행이도 많은 tape과 DVD를 남겨 놓고 갔다. 세상에서 자신의 설교가 CGNTV에서 나오는 것을 가장 민망하고 부끄럽게 여겼었지만 이제는 그가 없는 사이에 마음껏 보고 들을 수 있는 것이 감사할 뿐이다. 새 집에는 작은 선반들로 만든 책장이 하나 붙어 있다. 용조 일생의 설교 전집을 구하고 있는 중이다. 나는 그가 없는 공간들을 그가 있는 공간으로 꾸미려 하고 있는 것이다.

나는 자기 전 용조의 추모 예배를 듣다가 잠이 들곤 한다. 아마도 그와 마지막 인사를 나누었던 기억을 잊고 싶지 않아서일 것이다. 또한 그와 친했던 친구들이 등장해 주신 것을 깊이 감사하는 뜻으로, 그분들이 계신 것이 위안이 되는 이유이기도 할 것이다. 특히 목사님이 "실수가 없으신 하나님, 완벽하신 하나님"이라고 도장을 '꽝' 찍어 주신 부분에서 분통이 터져 하다가 이제는 실수가 없으시고 완벽하신 분께서 모든 것을 주장하시고 용조를 데려 가셨다는 것을 내 자신에게 인정시키기 위하여 나는 천국 환송 예배를 매일 드리고 또 드리고 있는 것이리라.

"딸랭아, 언니가 환상으로 봤는데 하 목사가 백마를 타고 신이 나서 하늘 높은 곳으로 올라가더라." 큰 언니인 이형자 권사가 전화로 들려주었다.

"언니, 예쁜 여자랑 같이 타고 가지 않았어?"

"음… 몰라. 잘 생각이 않나." 용조는 별로 여자와 남자의 구분을 두지 않고 모두를 사랑했었다. 그러나,

"용조, 거기서 그런 짓 하면 죽어!" 하며 소리를 쳤다.

"나, 벌써 죽었거든…." 한 말씀도 들려주시지 않던 그 훌륭하신 분이 농담까지 하며 약을 올리신다.

성지가 하나님께 여쭈어 보았다. 딸은 하나님의 음성을 들으며 하루하루를 살고 있다.

"하나님, 지금 아버지 거기서 뭐 하고 계세요?"

"물 마시고 있어. 거기서는 물도 제대로 못 마셨잖아."

그랬다. 투석 환자였으니까…. 너무 목이 마를 때는 얼음을 한 쪽 드렸었다. '당신 잘 가셨어요….' 내가 뭐 할말이 있겠나. 그는 아오지 탄광의 노동자보다 심한 고통을 당하면서도 말이 없었다. 나는 용조가 사역하며 열매를 맺은 어떤 칭찬들보다 그가 아픈 것을 감내하며 견뎌 내던 하루하루의 내려놓음의 과정을 더 높이 평가해 주고 싶다. 예쁜 환자. 그는 한 번 소리 내어 기도하지도 못하는 벙어리처럼, 인내와 침묵으로, 교회가 실망하거나 흔들릴까 봐 숨도 한 번 제대로 쉬지 못하고 조용히 있다가 떠났다.

동경에 있을 때도 교회가 그립고 교인들이 그리워서 서운한 표정을 짓고 있으면,

"여보, 외로워서 그러는구나? 보고 싶은 사람 있으면 전화라도 연결해 드릴까요?" 하면,

"아니, 모두 바빠. 나는 그냥 목숨만 붙이고 살아 있어도 된대…. 내가 죽으면 가뜩이나 바쁜 데 더 복잡해질 수도 있나 봐…. 준비도 슬슬해 놓는 것 같아. 그렇지 않겠나?" 나는 그의 외로움에 동참해 줄 수 없는 외로운 섬으로

던져져서 샘을 파고 있었다. 외로움도 전염이 되는지 둘은 말이 없이 앉아 있다가 정신을 가다듬었다.

"여보, 그래도 보고 싶은 사람이 있을 건데…, 말씀해 보세요." 그의 입에서 나오는 이름들은 상상할 수도 없는 곳에 숨어 있는 분들이었다. 그는 작은 구석에서 애쓰고 사는 이들을 그리워하고 있는 반면, 나는 그가 중요하고 영향력이 있는 사람들과 연결되고 싶어 한다고 오해를 하고 있다는 것을 느꼈다.

나는 이해한다. 그가 얼마나 그 상황에서 벗어나고 싶어 했는지를…. 얼마나 도망가고 싶어 했는지를…. 아니 얼마나 천국에 가는 소망을 놓지 않으려고 애를 썼는지를….

"내가 죽으면 우리 딸랭이는 어떻게 하지?" 눈물이 맺혀서 어깨를 쓰다듬고 또 쓰다듬으면서,

"미안해, 달린. 미안해."

"용조, Stop it!" 나는 그의 손을 어깨에서 밀어 버렸었다. 지금 용조가 다시 이곳에 와서 나의 어깨를 쓰다듬어 줄 수 있다면, 얼마나 감사할까. 나는 나 같은 여자를 데리고 살

아 준 것이 너무 고맙고, 사랑해 준 것이 너무 고맙고, 잘못하고 부족했던 거 다 용서해 주고 가시라고 말하고 싶다. 당신을 만난 것은 하나님의 선물이었으며, 나는 정말 행복했다고 말해 줄 수 있었으면 좋겠다. 아마 우리는 무언의 goodbye를 너무나 많이 했었기에 그렇게 다정한 말로, 조용한 위로로 소중하게 남은 시간의 조각들을 모아 매일매일 손잡고 같이 걸어가고 있었을지도 모른다.

나는 그가 여러 번 하늘나라를 묵상하며 기도드리던 모습을 선명하게 기억하고 있다. 아니, 그리워하며 차라리 그곳에 가는 것을 더 좋게 여겼다는 것을…. 강렬히 사모하고 있었다는 것을….

"달린, 사람이 어려움에 봉착하면, 차선의 선택도 할 수 있다는 것을 이해해 주어야 해. 죽음을 빠져 나와 천국으로 간다든지, 혼자 사는 것을 택할 수밖에 없다든지…."

그렇다. 그는 말했다. "높은 산이 거친 들이 초막이나 궁궐이나 내 주 예수 모신 곳이 그 어디나 하늘나라"라는 찬송가 구절을 좋아한다고…. 그는 지금 궁궐에 살고 있고 나는 초막에서 살게 된 것이다. 나는 차선책으로 혼자 사는 것을 선택하게 된 것이다. 무슨 할 말이 있겠는가? 그분이 잘됐으면 된 것이지.

나는 하나님을 원망하지 않기로 마음먹었다. 그분은 나의 사랑하는 용조의 영혼을 받아 주신 분이 아니신가…? 그를 초청해서 그곳에서 살게 해 주신 분이다. 그 부족한 종의 몸에서 그를 해방시켜 주시고 생명수 강가로 인도해 주시고, 마음껏 물을 마시도록 허락해 주신 분이 아닌가? 이 은혜를 무엇으로 다 갚아 드릴 수 있을까?

인간은 생을 마감할 때까지 생명에 집착한다. 몸과 영의 분리가 되도록 연습하는 훈련 과정에 등록하지 않으려고 발버둥친다. 그것이 혹독한 몸의 아픔이나 잔인한 고통을 통해서 이수되는 과정이라면 더더욱 도망가고 싶어 하는 것이다. 용조는 그의 몸을 이 훈련 과정에 바짝 대어 주고 있었다. 찍 소리도 내지 않고 이 과정을 이수해서 졸업장을 받아 내는 것을 지켜볼 수밖에 없는 질식함의 그늘이 무엇인지 나는 잘 알고 있다. 그가 얻어 낸 졸업장은 면류

관으로, 하얀 세마포로, 하나님의 보좌 밑으로 흐르는 생명수를 마심으로 변하여 빛나고 있는 것이다.

"엄마, 아버지 잘 계시데요." 아들이 전화를 했다.
"네가 어떻게 알아?"
"꿈에 발신자 확인이 안 되는 전화가 울려서 받아 보았더니,
"성석아, 아빠다. 너 잘 있니?"
"아빠, 어디 계세요?"
"여기 천국이야."
"아빠, 잘 지내세요?"
"그럼, 잘 지내지." 전화가 끊어지자 한 없이 울었단다.
"엄마, 우리 이제 천국에 가서 아빠랑 함께 잘 살자."
"넌 아직 안 돼. 지금 가면 너는 아빠하고 같이 못 살 거야. 아빠는 아주 높은 곳에 계실 것 같은데, 네가 좋은 곳으로 갈 수 있다고 해도 마음대로 만나서 살 수 있는 구역이 아닐 것 같아." 나는 성석이가 좀 더 믿음으로 살다가 가기

를 원했다.

며칠 후 성석이가 다시 전화를 하였다.

"엄마, 나 정민이 하고 의논해서 CGNTV에 헌금으로 얼마를 보내 드렸어요." 나는 이제 아들 내외가 하늘나라에 보화를 쌓아 놓는 저축 통장을 개설한 느낌이 들었다.

성석이 내외와 성지 내외는 나를 어려워한다. 내가 언제 터질지 모르는 시한폭탄이기 때문이다. 나는 혼자 있고 싶은데 자꾸만 잡아당긴다. 그들은 모두 점잖다. 나는 청소년기 반항아와 같이 모든 것을 거부하며 광풍노도의 시절을 보내고 있다. 나는 너무나 철이 없다. 몇 달 전만 해도 우리 세 가정이 같이 모여 식사도 하고 대화도 나누지 않았던가? 이제 용조는 우리의 식사 시간에는 참석하지 않는다. 식탁에 둘러앉아 대화를 인도해 가는 화술이 없는 우리들은 남아서 말없이 밥을 먹고 있을 뿐이다.

"여보, 나는 우리 네 아이들이 예뻐서 죽겠다. 모두 결혼해서 재미있게 사는 것 보면 참 감사해."

용조는 나에게 이 아이들을 맡기고 떠났다. 그들의 예쁜 모습과 미숙한 모습들을 고스란히 나 혼자 보라고 말이다. 예쁜 손녀의 가냘픈 손가락을 만져 보지도 못한 채…. 그냥 급하게 가셨다. 그렇게나 예쁜 손녀를 안아 볼 수만 있었다면 아마 엔도르핀이 나와서 병도 다 낳았을지도 모른다. 하나님은 왜 그리도 시간 계산을 야박하게 하시는 것일까?

동경에서 유학 중인 딸과 사위가 사는 집에 며칠 간 머무르다가 나는 길을 떠났다. 둘이 한 쌍의 비둘기같이 공부하고 아르바이트하는 것을 보면서 '내가 혹시나 힘들게 하는 것이 아닐까' 하는 생각이 들어서였다. 사위가 자기 공부방을 나에게 주면서 유아용 침대를 IKEA(이케아)에서 구입을 해 놓고는 조립할 시간을 엄두도 못 내는 상황을 보면서 미안함이 느껴졌다.

길을 떠나 다닌다는 것은 몇 가지 확실한 정리가 되어야 하는 부분이 없지 않다. 떠나 다니는 목적과 비용이 설정돼야 하는 것이다. 사위에게 부탁하여서 가루이자와 역의 북문에서 가장 가까운 여관을 하나 얻었다. 목사님 계실 때는 장 목사님 부부와 함께 편한 곳에 머물곤 했지만, 이제는 사정이 다르지 않은가? 택시를 부를 필요가 없는 거리였다. 에스컬레이터로 내려와 300미터 정도 가방을 끌고 걸어가는데 처음 해 보는 경험이라는 생각이 들어서 눈물을 꾹 참았다. 가방 밑에 붙은 네 바퀴 굴려지는 소리가 부끄러웠다.

 한 칸짜리 방의 모양을 파악하는 데는 1초도 채 안 걸렸다. 아니. 이렇게 작은 방이…. 침대 하나 달랑. 그 사이를 비집고 다닐 틈도 없었다. 프런트로 내려가서 조금 더 큰 방이 있으면 바꿔 달라고 하였다. 이번에는 침대만 조금 더 클 뿐 그 사이를 비집고 다니기에는 내가 너무 뚱뚱하다고 결론지었다. 화장실의 팬 소리가 무서워서 불도 켜지 못하고 사용하고 있었지만 더 이상은 문제 삼지 말아야겠다고 포기하였다. 그런데 문제는 방 공기가 유난히 차가웠던 것이다. 난로를 하나 얻어다 피워 보니 공기가 너무 드라이해져서 그냥 꺼 버렸다. 그 잘 들던 수면제도 아랑곳없이 달달 떨며 밤을 지새우고는 아침에 차비를 했다. 나가노 쪽으로 가는 신칸센으로 한 정거장 더 가서 전기 슬리핑백을 하나 사 가지고 돌아와 다시 자기 시작하였다.

새벽에 깨었으니 누가 밥을 주겠는가? 물을 끓인 후 비상식량으로 가지고 다니던 커피와 크래커를 꺼내며 손등으로 닦아 내던 눈물의 발원지는 어디였을까? 차가운 침대 시트 사이로 발을 집어넣으려다 멈칫하면 다리미로라도 따듯하게 다려서 발을 넣어 주었던 용조는 지금 따뜻한 곳에 잘 있는 것일까?

날이 밝자 나는 역의 남쪽으로 빠져나갔다. 장 목사님과 사모님께서 나가노에서 열리는 Love Sonata에 참석하시기 전에 잠깐 의논해 주실 일이 있어서 오셨다. 역에서 반갑게 만나 뵙고 호시노 온천에 가서 점심을 먹었다. 여느 때와 같이 명랑하신 부부의 모습을 뵈며 용조의 말이 생각났다.

"난 태어나서 저렇게 의기투합이 잘되는 부부는 처음 봤어. 당신도 서로 반대로 말씀하시는 일을 본 적이 없지? 참 복이 많으신 분들이야."

나가노로 가시는 시간이 가까워지자 역으로 모셔다 드리고는 울음이 북받쳐서 빠른 걸음으로 역을 빠져나왔다.

"용조, 오늘 저녁이 바로 그날이에요. 당신이 그렇게도 기다리던 Nagano Love Sonata!!!"

나는 용조가 불쌍해서 견딜 수가 없었다. 교인 중에 몇 명은 내가 가루이자와에 와 있는 것을 알고 있었지만 나는 차마 그곳에, 용조가 더 이상 올 수 없는 그곳에, 감히 발을 들여놓지 못하고 있었다. '혹시라도 관심이 나에게 집중된다면, 우리 새로 오신 이재훈 목사님은 어떻게 되나' 하는 걱정이 앞서서 안 나타나는 것이 예의라는 생각이 들었다.

무료 셔틀 버스를 타고 나는 다시 호시노 온천으로 돌아갔다. 그 주변에 있는 숲에는 잘 익혀 놓은 길이 많아서 한 시간 정도 더 걷다가 기도하리라는 생각에서였다. 하지만 어쩐지 우울증이 심하고 몸의 컨디션이 기울어져 가는 느낌이었다. 조금만 더 걷고 돌아가서 Love Sonata를 위한 중보기도의 시간을 가지려고 빠른 걸음으로 걷다가 한 오솔길에 도착하자, 바닥이 아주 차고 미끄러워지기 시작하였다. 아주 오래 전부터 쌓여 온 낙엽이 차가운데 공기도 더욱 싸늘했다. 더 이상 지체하지 않고 돌아섰다. 나는 용조가 떠난 후 나 자신을 간호하는 일이 생기지 않도록 애를 쓰면서 살고 있다. 드디어 역의 북문을 빠져나와 철도 길을 따라 여관으로 향하고 있는데 수많은 갈대들이 일렬로 서서 갸웃이 인사를 한다. 무심히 걷고 있는데 갈대들이 일제히 손을 펴서 흔든다.

"Dalleen, good bye, Dalleen, goodbye, Dalleen, goodbye… thousand goodbyes!!!!"

"Yong Jo, don't do that. Yong Jo, don't do that to me…. Please…."

방으로 들어가 문을 닫고 침대에 쓰러져서 통곡을 하였다. 처음으로 용조와 그를 데리고 가 버리신 하나님께 퍼붓기 시작했다. 내 평생에 그렇게 하나님께 사정없이 대든 적은 없을 것이다. 나는 창조의 능력부터 의심으로, 원망으로 그를 뒤흔들었다. 자기가 모두 만든 것이라고 자화자찬하지 말고 겸손한 신이 한번 되어 보라고 하였다. 전지전능하시다면서 하시는 일에 대하여 직무유기 아니냐고 비아냥거리자, 용조가 사정을 했다. 나는 그의 완전하신 시간이라는 것에 의해서 여러 번 농락당한 기분이 들었다. 자기가 온전한 신이라고 생각한다면 피조물의 고통을 읽을 줄 알아야 하며 꺼져 가는 등불을 끄지 말았어야 했다고 했다.

"달린, 그러는 건 아니지… 그만해…. 내가 부탁한다." 용조의 절절매는 모습을 보는 순간 나는 그만해야 한다는 것을 인지할 수 있었지만 내친 김에 다 떠들었다. 2,000년 전에 흘린 보혈을 가지고 생명수로 적신다니, 다 말라 버린 보혈의 강이 아니라면 보여 달라고 소리 질렀다. 하나님께 소리를 지르고 나니 세상에서 무서운 것이 없었다. 생각해 보면, 그분은 나의 솔직한 심정을 한량없이 넓으신 품으로 잠잠히 받아 주고 계셨던 것 아니었을까? 나는 그 후에 차디찬 여자가 되어서 회복할 수 없는 상태로 한 한달 가량 그렇게 있었던 것 같다.

"처제가 사납게 바뀌었어." 형부가 언니한테 그러시면서 걱정을 하셨다는 이야기를 전해 들었다. 형부와 언니는 나의 부모시다. 피로 나눈 형제의 고난을 같이 넘어 맺어진 분들이다. 나는 형부께서 큰 고통을 겪으시면서도 그의 인격이 흐트러지는 것을 보지 못했다. 하나님께서 붙잡고 계시는 귀하신 종이라고 느낀 적이 많다. 이제 나는 부모도, 남편도 없다. 형부와 언니만이 나의 부형이 되신다. 용조는 조용히, 때로는 용감하게 형부를 도와드렸다. 비록 형부와 언니가 비정하게 빼앗긴 사업을 회복하시는 것을 보지 못하고 떠났지만, 하늘에서 하나님과 직접 대면하여 해결해 드리려고 노력하고 있다고 믿는다. 형부와 용조의 관계는 사랑이었다.

가루이자와에서 야곱의 사투를 벌인 후, 나는 지쳐서 호흡하기가 힘들고 맥박이 심하게 빨리 뛰고 있다는 느낌이 들었다. 거울로 본 나의 모습은 헐고 낡은 초가집과 같았다.

하루는 남한산성에서 자고 아침에 일어났는데, 용조가 "아! 장모님 오셨습니까?" 하며 꾸벅 인사를 하였다. 거울에 비쳐진 나를 보며 흠칫 놀라 뒤로 물러서자 용조는 혼자 킥킥 웃고 있었다. 내가 한동안 자신을 치장하는 것도 모두 잊어버리고 본인의 병간에만 신경을 쓰느라 엄마처럼 호호백발이 되고 있는지도 모르고 있다는 것을 느낀 것 같았다.

세수를 하고 수건으로 닦는데 이마가 따끈했다. 손도 뜨거웠다. 온몸이 열이 나서 벌벌 떨리고 있었다. 나는 모른 척하였다. 재빨리 수면제를 먹고 잠을 청했다.

"용조, 당신이 여기 온 것 알아. 이재훈 목사가 설교하는 것 봐 주려고 온 것 알아. 나 그냥 잔다."

다음날 아침 체온을 재어 보니 정상 체온이었다. 그는 왔었다. 나는 알고 있다.

용조가 살았을 때 나는 기도원을 하나 사 달라고 조르곤 했었다. 시간이 있을 때마다 취미 삼아 기도원 원장이 되면 어떻게 운영할까 상상을 해 보곤 하였다. 그런데 가루이자와에 있는 동안 기도원이 될 만한 자리의 사진을 하나 보고는 겁이 덜컥 났다. 한 망해 가는 회사의 수련원이 헐값에 나온 것이었다. 일본 목사님들은 한번 어디 가서 쉬지도 못하시고 영적인 삶의 재충전을 받으시기가 힘드신 것 같은 생각을 늘 하고 있어서 용조의 손을 잡으며 어디 온천이 붙은 여관 중에 문 닫는 것 있으면 하나 준비해 달라고 부탁하곤 했었다.

Love Sonata를 해 드린 후 후속 조치로 리더들을 지역마다 모아 초대하여 일대일 제자 양육 과정, 어머니, 아버지 학교, 경배와 찬양 등을 훈련해 드리면, 목회의 hardware인 건물은 그들 자신이 준비한다고 하여도 software인 양육 과정은 우리가 준비해 드릴 수 있지 않겠는가? 하지만 목사님이 안 계신 곳에서 나 자신이 운영자가 된다는 일은 상상할 수도 없는 일이었다. 나처럼 건강도 좋지 않고 제한점이 많은 무능한 사람이, 나 하나 돌아보는 것도 이렇게 힘이 들어서 다른 사람을 돌아본다는 것은 상상도 못해 보는 사람이…. 사람을 대하는 일을 한다는 것은 상상할 수 없는 벌이라는 것을 말해 주지 않은 남편이었다. 공동체 안에서 생활할 수 있다는 것은 나에게는 무리였다.

그날 깨달은 것은, 용조가 떠나는 것과 함께 나는 목사 부인의 졸업장은 못 받았을지라도 수료증은 하나 받은 것 같았다. 그동안 건강이 너무나 상해 있었다. 용조가 떠났다는 사실에 너무 놀란 나머지 병명이 몇 개 더 늘었다. 누가 옆에 있으면 신경을 써 드리느라 자신을 돌아보지 못하여 저녁에는 큰일을 치르게 되곤 한다. 하루 종일 건강 상태를 모니터링하며 그 수치에 합당한 약을 먹거나, 심호흡을 하거나, 발을 올려놓은 상태에서 쉬거나, 걸으러 나가거나…. on and on and on…. endless tape이다. 의사 선생님들이 너무 바쁘셔서 알맞은 약까지 평소 때 공부해서 구해 놓아야 한다. 약 하나를 받을 때마다 그 약의 성분과 화학 방정식, 배열되어 있는 모양, 다른 약들과의 상호 작용, 약리 작용, 부작용 등을 공부해서 세밀하고 면밀하게 주의해서 지켜보다가 약의 이름과 양, 복용 방법 등을 정해 주었던 습관이 이제는 나를 돕고 있는 것이다.

이제는 그 누구와도 나의 삶을 나누는 것은 포기하였다. 잘못하면 크나큰 신세를 지다가 하나님께로 가게 될 수도 있기 때문이다. 평생토록 그 누군가를 위하여 살아왔지만, 누가 나 때문에 희생을 해 준다는 것은 상상할 수도 없는 일이다. 나는 그러한 희생이 무엇을 요구하는지, 자신의 무엇이 잘려 나가야 그런 희생의 터널을 빠져나오게 되는지, 몸소 느끼며 체험해 왔다. 성가시게 하거나 정신없게 하면 아주 못 견뎌 하던 용조의 마음이 이제 내 마음이 된 것 같다. 그는 주위가 정돈되지 않았거나 하고자 하는 일의 앞뒤가 안 맞으면 주의가 산만하다고 신경질을 냈었다. 이제는 내가 용조 대신 집안의 어른이 된 것처럼 그가 느끼던 감정대로 표현하고 있다. 그동안에 갈등도 없이, 도망가서 쉬고 싶은 마음도 없이 33년의 세월을 그냥 지낸 것이라면 거짓말일 것이다.

"여보, 시베리아 벌판이라도 좋으니까, 한번 끝없이 달려가는 가차에 타 보았으면 좋겠어." 나는 용조가 간 후 똑같은 소원을 아들에게 말해 보았다. LA에 있는 Union Station에 데려다 주려고 나온 아들과 며느리가 창문 밖에서 찬 바람을 맞으며 기차가 떠날 때까지 손을 흔들어 주던 모습이 얼마나 고마웠던지 잊을 수 없을 것 같다. AM Track을 타고 두 밤을 지나 미국과 캐나다의 국경에 이르기까지는 흐르는 강물이 여러 개 있고 산맥도 깊은 것을 알 수 있었다. Sleeping Car를 한 칸 빌려서 위층에는 짐을 놓고 아래층에는 요를 펴고, 40시간을 달려가며, 기도도 하고,

책도 읽고, 음악도 듣고, 글도 쓰고, 밖을 내다보며 용조와 대화를 하였다. 마치 세브란스병원에 입원하여 오래간만에 건강 상태를 점검받는 것 같은 기분도 들었다. 독방에서 집중적으로 자신의 상태를 점검해 볼 수 있는 기회를 조용히 기다리고 있었다는 것을 느낄 수 있었다. '그래, 나는 조용히 혼자 살아야 돼….' 옆 칸에 한 쌍을 지어 들어가서 높은 침대를 등산하시는 한 할아버지의 신음 소리가 나를 화나게 하였다. "용조, 당신이 여기 왔다면, 내가 위로 올라갔지!" 중얼대고 있었다.

그 후 나는 용감해졌다. 비서를 하나 데리고 다녀야 하겠다는 생각도 지워 버렸다. 아직은 아니다. 아이들 가까이서 살겠다는 생각도 지워 버렸다. 아직은 아니다. 나는 용조와 같이 알고 지냈던 분들께도 그동안 감사했었다는 말씀을 드리고 이제는 조용한 곳에 가서 잘 살고 있겠다고 인사를 드리고 싶다.

누가 혼자되면 더 사람들과 섞여서 살라고 했는가? 용조가 주고 간 선물 중에 가장 훌륭한 것이 홀로 살 수 있도록 기회를 준 것이라고 나는 깊이 느끼고 있다. 나는 친구도 없는 수녀원에 혼자 들어가 규율을 만들고 나 나름대로의 경배의 찬양과 예배의 순서를 정해서 시간표를 짜고 있는 것이다. 하나님의 거룩한 이름을 찬양드리는 것이 나에게 주어진 사명이니까. 그분만을 의지하며 지내는 것이 익숙해질 때까지, 홀로 서 있는 것이 어색하게 느껴지지 않을 때 까지는…. 생각보다 오래 걸릴지도 모른다. 차라리 자연을 벗 삼아 살리라. "공중의 나는 새를 보라. 농사 하지 않아도, 곡식 모아 곡간 안에 들일 것이 많도다." 하나님과 용조와 나는 아직도 한 팀이다.